圖解 やる気を引き出す会話のマジック
NLP惡魔說話術
【實例篇】

日本NLP研究所專業講師
千葉英介◎著　許昆輝◎譯
內頁插畫◎にしかわたく

前言

你在家裡、職場或學校，每天都在與人進行什麼樣的對話呢？

對話就好像棒球的傳接球一樣。傳接球本身並不是以勝負為目的，如何能讓球在雙方之間來回接傳更多次才是重點。日常生活中的對話也是如此。雙方是否能投出讓彼此容易接獲的球？對方是否能理解你話中的目的？你又是否能牢牢地接住對方拋出來的議題？

本書以「NLP」這一個溝通技術為基礎，透過淺顯易懂的方式為你解說對話的機制。只要稍微修正一下你平日的對話，工作就會變得更進展順利，也能與他人產生更深一層的連結關係，甚至能獲得品質更佳的溝通成果。

想必你也一定注意到了吧，社會上那些成功人士或者事業有成就者，通常都具有高人一等的溝通能力。

何謂ＮＬＰ

ＮＬＰ（Neuro Linguistic Programming＝神經語言程式學）在一九七〇年代誕生於美國，這是一種以語言學、心理學與知識論為基本所建立的溝通技巧。它是以天才與卓越人士的大腦反應與構造，所進行研究得到的結果為基礎。天才之所以為天才，他們與一般人最大的「差異」為何？研究結果發現，對話的「品質」正是其顯著的相異處。因此，ＮＬＰ將溝通的技巧加以系統化，只要透過ＮＬＰ技術，任何人都可以改善自己的對話內容，提升行動與結果的品質。

然而，為什麼對話的品質對我們來說這麼重要呢？

在地球上數不盡的物種當中，上天唯獨賜給人類的一項法寶就是語言。運用這種珍貴的能力，使得我們在日常生活中可以任意進行對話。從早晨的打招呼、與客戶洽談、中午用餐點菜，一直到一天工作結束後抱怨公司老闆等等……。

對話並不僅限於透過嘴巴與他人進行溝通，回覆電子郵件時思考文章的內容，以及擬定計畫、該如何下決策……等等，在思考上述的事項時，我們都會在腦中與自己進行無聲的對話。在本書中也會提及，這在NLP中即稱為「內在對話」（Internal dialogue）。

NLP認為人類的「經驗」也是一種對話。針對外在世界（外在）的事物，我們的腦（內在）所做出的反應結果，最後就能變成我們的經驗。這種經驗，也可以視為是外在與內在的一種溝通（＝對話）。

內在對話與經驗就跟日常生活的對話一樣，每個人都有不同的嗜好與習慣，常會在不知不覺間採取重複的模式。而這些模式就是我們對事物的認知方式，NLP的專業術語稱之為「框架」（frame）。只要增加這類認知的模式，我們就能以各種不同的觀點掌握事物，對話內容也會因此而變得更為豐富。

在我們平常與他人的對話當中，心裡也會同時進行內在的對話，並以經驗的形式與外在世界的事物進行溝通……。因此，要說人類每天都在不停地進行對話＝溝通也不為過。所以，當我們改善了對話的技巧後，我們所採取的行動與結果，自然能大幅改變我們在人生當中所遭遇的各種經驗。

本書的使用方法

首先，本書將日常生活與職場經常發生的對話問題，以三格漫畫的形式表現。接著，再以ＮＬＰ的觀點，說明這些對話究竟出了什麼問題，以及其解決之道。本書共設計了二十三種不同的場景。

在你看過每個場景的漫畫後，可以先回想自身周圍曾發生過的問題，然後再試著自行思考其癥結與改善方法。練習以自己的語言思考，才能更迅速地解決問題並達成目標。待自我的思考結束，再翻閱其後的頁面閱讀本書的解說。

配合某些場景，本書還增加「以NLP訓練對話力」的專欄。這部分是以較專門的術語解釋NLP技巧，當你想更進一步提升自己的溝通能力時，請務必作為參考。

閱讀時，不一定要按照編排順序做閱讀，只要從心有戚戚焉的部分開始，保持輕鬆的心情即可。如果時間充足，不妨重複多看幾遍，試著去豎耳傾聽自身的想法與考量（＝內在對話）。對於你來說，這麼做應該可以成為你察知覺醒與改頭換面的起點！

當你熟練本書的技巧後，你勢必能從「我拿那個人沒轍！」的壓力中解放出來，感覺到人際關係變得輕鬆。甚至像宣告「我做不來」等等老早就放棄的工作，或「我已經不行了」的投降，都能再次獲得重新的檢討與克服。

希望讀者能夠明白，只要我們稍微改變一下日常的對話方式，我們的人生便能擴展出更多的可能性。既然人一輩子都脫離不了對話，何不徹底明瞭它的效能，並充分地利用這種對話技巧的力量呢？但願本書對你而言，會是一把能改變溝通意義與價值的金鑰匙！

◆目錄

● 專欄 ●

以NLP訓練對話力

第1章

理解對方的心情，使其安心的對話

明明有衝勁卻無法傳達給對方，這是為什麼？

「真的很抱歉！請您稍等一下……」

Scene.1

面對突然發生的客訴要處變不驚！

首先要接收對方所傳達的訊息

身為業務的田中接獲客戶「交貨期已經到了，貨卻還沒送過去」的通知，對方似乎非常生氣。田中心想「得先趕快平息一下客戶的怒氣」，一面思考解決之道，一面趕往對方的公司去。

然而，儘管田中試圖以最大的誠意拚命道歉，並對客戶表示「一定會以最快的速度交貨」，但是客戶的怒氣卻絲毫不減，反而更一發不可收拾。

明明自己這麼努力地想替對方解決問題，但對方卻絲毫無法體會自己的心意……為什麼會出現這樣的結果呢？

問題在這裡！

面對客訴時，解決問題當然是首要目標，但是如果光是自說自話，只會讓對方產生被強迫接受解決方案，或是敷衍塞責的不良印象而已。

田中的說詞乍看下似乎對客戶許下了迅速解決的承諾，然而其實是要客戶繼續空等。這與客戶的期望可說是背道而馳。

如果不先搞清楚客戶真正的需求與想解決的問題（＝對客戶來說真正的問題點在哪），那麼自己好不容易提出的解決方案也會被視為是一廂情願，會形成反效果。

與客戶想早點拿到商品的期望相反，還要求對方等待調查，單方面要客戶接受自己的處理方式

真的很抱歉！
我們會馬上查，並且以最快的速度交貨！
能請貴公司再稍等一下嗎？
不要生氣啦～
省略了道歉的對象

改善重點

①首先要接收對方傳達的訊息（收集情報）

所謂的對話，必須要有訊息的傳達者與接收者兩者才能成立，而弄清楚訊息傳達者想要傳達的內容更是對話的基本。只要能讓客戶知道自己已聽懂了他所說的話，對話的效果自然能提升。田中在說明自己的解決方案之前，倘若能先釐清客戶想要表達的想法，就能夠明白客戶目前的心情，以及期待自己做出何種行動。

改善範例 「重複」客戶的要求，暗示對方自己已獲悉其需求（①+②）

你要的商品到現在都還沒收到。
真的對你非常抱歉！

②發出已接收到對方要求的訊息

獲得前述的情報後，還必須向對方發出自己已理解的訊息。只要對方明白問題已經被聽懂了，自然就能感到安心並產生信賴感。

這全是因為「『重複』對方說的話」，這一個非常有效的方法。

③與對方「一同尋找」具體可行的解決之道

最後不妨與客戶尋求「共同解決」問題的可能性。

既然客戶提出「連我們這邊的業務也會受影響」的憂慮，不如就順便尋問受影響的具體情形。也許是對方擔心他們的下游廠商會受到池魚之殃也說不定。如果是這樣，那就可以採取「商品以直接送去給下游廠商」等等，這種更能有具體解決之道的應對方法。

【接收對方傳達的訊息】→【發出已接收到對方要求的訊息】→【一面接收對方傳達的訊息，一面觀察自己發出的訊息是否有被對方聽進去】。透過這種對話的連鎖反應，便能夠建立起雙方的信賴關係，並一起逐步找出解決的方案。

● 專欄 ●

以 NLP 訓練對話力

回溯（backtracking）

NLP是一種源自美國的嶄新溝通技巧。這門學問以語言學、心理學及知識論為根基，研究該如何以更有效的對話來達成目標的方法。本書的主旨即在解說利用NLP技巧來提高對話能力的方式。

日常生活中，每個人都在不自覺、自然而然的情況下與他人進行對話，但事實上，在這其中是靠很多技術＝技巧所建立起來的對話。完成有效對話的基本技巧之一就是完整接收對方的訊息。在這一個章節中我們利用「重複對方所說的話」的場景來達成這一個目的，而這其實就是透過NLP當中的「回溯」技巧。

所謂重複對方所說的話並不等於同意對方的看法。舉例來說，當對方說出「我喜歡棒球」時，如果直接回答「我對棒球沒興趣」，那麼對話就會在此戛然而止。但假設換個方式，回答「你喜歡棒球啊！我是個熱情的足球迷，最喜歡看射門得分的那一幕。球類比賽真的是令人血脈賁張啊，你說是不是。你喜歡棒球哪一點呢？」棒球迷說不定就會將足球射門得分的那一幕聯想到全壘打上。即使雙方感到興趣的運動不同，但只要確認都對球類運動有興趣，對話便能繼續延續下去。

提高自身的對話力後，便能將自己的看法更正確（也更不被誤解）地傳達給對方。同時，也能幫助自己釐清與理解他人的心聲。這麼一來，失敗的溝通或誤解自然會減少，人際關係也能因此獲得改善，使得我們的身體與心靈皆愉悅地朝著我們的目標與方向前進。

喂，田中，你把這次的發售日期弄錯了……
是的，很抱歉，部長！……我忘了要把客戶要更改日期的訊息通知主任，我會好好反省。
以後再也不會發生這樣的失誤了。
田中——！
上個月延遲交貨日的時候，你不是也說過再也不會發生這樣的失誤這種話了嗎！
真的非常抱歉！
鞠躬
我會深刻地反省！
鞠躬
鞠躬
……又要反省嗎……
到底要提醒你多少次啊……

Scene.2

光是反省未免太可惜

改善點是創造未來的好資源

在Scene・1中因延誤交貨期而引發糾紛，經過了深刻反省的田中，這回，又替公司製造了其他麻煩。

田中深刻反省，並對部長發誓「再也不會發生這樣的失誤了」，但部長似乎聽膩了田中這種「我會反省，下次不會再犯」的說詞，為此感到不耐……。一而再地發生類似失誤的田中，對自己目前的處境感到不知所措。

在你工作的職場應該也有類似這種每天都在不斷反省、道歉的人吧？反省雖然很重要，但反省之後，下一步該怎麼做呢？

問題在這裡！

不斷重複類似的失敗，一天到晚反省的田中，其實他最大的問題就是無法從反省中獲得任何成果。他所關切的方向並不是未來，而是對於過去感到耿耿於懷。

改善重點

①使用關注未來的表達方式

只要說出「再也不會發生失誤」這種話，感覺未來就好像一帆風順似的。其實，

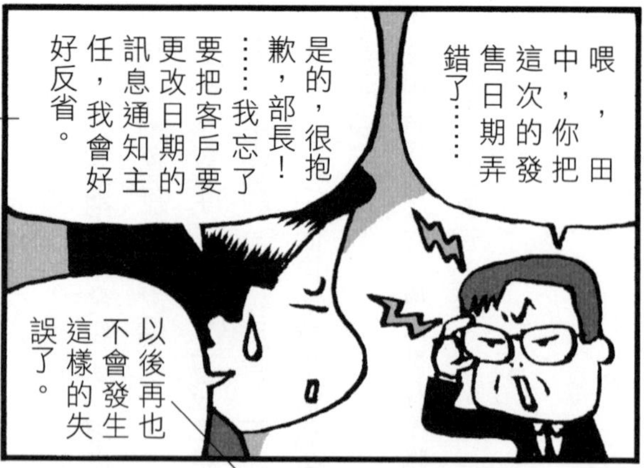

喂，田中，你把這次的發售日期弄錯了……
是的，很抱歉，部長！……我忘了要把客戶要更改日期的訊息通知主任，我會好好反省。
以後再也不會發生這樣的失誤了。

僅說明這件事之前沒發生過

乍看之下像是在講之後的事，但其實依舊對過去念念不忘，只是在說明自己不會再犯跟過去相同的錯誤

這種話只會讓田中個人的意識停留在「上次延遲交貨期的失誤」上，亦即是朝著過去看。舉例來說，如果有人對你說「請不要想粉紅色的大象」，大部分的人心中應該都會立刻浮現粉紅色大象的影像吧！同樣地，說「不會發生失誤」這句話，無論如何都只會讓人意識到失誤的這件事。

為了要讓反省與具體的行動能夠結合在一起，必須將注意力轉向未來。這時不妨試著自問「自己想做出何種結果」（未來），並將實現這種結果的方法化為語言。例如，可以說出「以後與客戶討論的結果我會立刻報告公司」這類具體的對話內容，這麼一來自己與聽話者就都能確認到將來的行動內容了。

②在對話中讓對方意識未來的提問方式

像田中這樣，對不小心犯下的過錯只會不斷地說著「我會反省」，但卻反省不出什麼結果時，倘若聽話者（部長）能先認同「你為了避免失敗也很努力了」，並接著以「你的具體改善措施是什麼？你想做出什麼樣的結果呢？」的方式提問，就能協助對方將注意力朝向未來目標了。

提問的重點

3. 引發行動的話語
為了要引發對方設想「想要達到期望的未來結果，過程中需要什麼行動」時，重點於「具體來説」這個發語詞。

2. 接續詞的使用法
多用「所以」這樣的接續詞。倘若使用「但是」的話，會給對方一種否定前言的感覺。

4. 針對未來提問
提問的重點要放在未來。少用被動式要多用主動式。「你想做出」這種説法可以激起對方自主性的意圖。

1. 回溯
重複對方所説的話，以表達自己已充分理解對方的意思。

● 專欄 ●

以NLP訓練對話力

時間線（timeline）

關於「過去～現在～未來」這種意識上的時間軸，在NLP中被稱作「時間線」。正如下圖所示，我們會在平常的對話中會不自覺地使用。

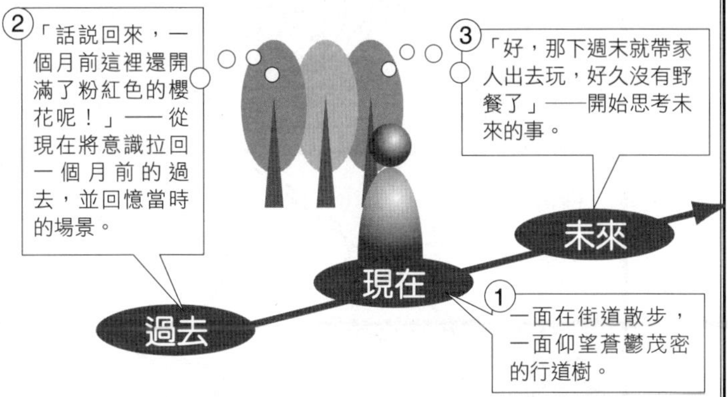
②「話說回來，一個月前這裡還開滿了粉紅色的櫻花呢！」——從現在將意識拉回一個月前的過去，並回憶當時的場景。
③「好，那下週末就帶家人出去玩，好久沒有野餐了」——開始思考未來的事。
過去
現在
未來
①一面在街道散步，一面仰望蒼鬱茂密的行道樹。

當我們在討論問題的「成因」時，意識是位於時間線的過去。另一方面，當討論「目標」時，意識則是位於未來。如果我們在對話時能意識到時間線，就可以提高達成目標的企圖。

為了能在對話中充分意識到時間線，類似「先討論過去的原因5分鐘，接下來再花5分鐘討論未來目標」，這種區分時間的對話技巧將會非常有效。當對話意識到接著要把現在連結到未來的時間線上，就能很自然地說出具體的計畫。

假使討論問題成因的話題不斷地重複，就表示我們的意識依舊停留在過去。像這種時候，不妨提出「假使達成目標將會如何？」的提問，讓聽話者的意識能順利地轉換至未來。

「如果您沒有在兩小時前提出的話，我們無法提供！」

Scene.3

讓人轉怒為喜的即時一言

對話的目的本來是？

這是山本前往海外出差時在飛機上所發生的事。

飛機剛起飛沒多久，空姐開始配送機上的餐點，但山本卻沒有拿到登機前所點的特別餐。山本告知空姐此事，對方則詢問他是在什麼時候點的。山本回答「登機之前」，空姐則又問「那是起飛前多久？」結果山本表示「大約一個小時前」，卻得到了「如果不在兩小時前提出就無法提供」的答覆。當初他向地勤人員要求時，對方明明表示沒問題啊……山本對此感到相當憤怒。

其實山本和空姐兩個人都沒有錯，但這個時候空服員該如何回答山本會比較好？

從雙方的立場開始釐清

我們先歸納一下在飛機上所發生的事情。試著從各自的立場來看。關於「點特別餐的要求沒有傳達好」這項事實雙方的對話內容。

■山本的立場

地勤人員已經說ＯＫ了，但卻被空服員回以「如果不在起飛前兩小時提出就無法提供」，簡直就像被對方譴責自己不遵守規定一樣，所以感到無法理解，而忿忿不平。

食物挑起的怨恨是很可怕的喔

【解說】

針對同一件事，山本從同一家航空公司人員接收到「可以」與「不可以」兩種完全相反的訊息。也就是說，因接收到兩種訊息，一旦產生與期待結果卻不符的狀況，失望感就會油然而生。

■空服員的立場

在有限的時間內必須對機上眾多的旅客提供服務之下，傳達的是山本的要求在登記表上沒有註明的事實。在進一步確認狀況後發現，對方並沒有按照規定在時間內點餐，於是便將事實直接傳達給山本。

【解說】

這位空服員並沒有錯，她只是完全根據公司規定將事情的結果分析與轉達給旅客。由於旅客一開始的要求就不合情理，再加上這件事應該是隨口回答「沒問題」的地勤人員要負責才對。因此，空服員心中產生強烈的「我是對的，我並沒有錯」的意識，所以她並不想代替地勤人員對所發生的錯誤向旅客致歉。

哪有這麼任性的旅客！

這位先生，有沒有什麼需要我為您服務的呢？
……
我的特別餐……
真的非常抱歉！
鞠躬
本公司的規定是在起飛前兩小時……

●另一位空服員的溝通方式

這件事還有後續發展，另一位空服員出現了。

您之後還有轉乘的預定嗎？如果在另一個航班上您也有相同需求的話，我們可以代您聯絡，先幫您處理。
喔，這位空姐很熱心嘛，下次還是搭這家航空公司吧。

●兩位空服員對話的差異點是？

①接納了對方的感受

第二位空服員首先接納了旅客的感受，對於因公司規定而無法達到旅客的期待這件事表達歉意。這麼做同時可以消除客人的怒氣。如果要讓對方察覺你可以體會他的感受，除了利用言語外，還可藉由朝對方投予的目光、身體的方向、呼吸狀態等肢體語言，以及聲調高低來表示。

接著，「您之後還有轉乘的預定嗎」這句話是針對未來的服務提案，可以帶給旅客未來會發生好結果的想像。

過去
現在
未來
沒拿到特別餐
（問題）
自己的感受
被接納＋道歉
下一趟的班機上……
（期待）
鞠躬

無法體會對方感受的例子

▼說話時不面對面、略微側身，更誇張的還有以背部示人。

▼說話時沒有看著對方的眼睛。

▲簡直就像想早點結束話題似的，以超快的速度說話。

▲完全不管對方的話有沒有說完，對話之間缺乏喘息的「餘地」。

②讓對方對未來產生新的期待

當得知自己的情緒已經充分傳達給對方後，人的意識就可以從遭遇問題的環境（過去）轉移至被人理解的事實（現在）。透過這種結束過去問題、引領意識來到下一個事項（未來）的方法，便能使聽話者心中產生空間容納新的期待。

相反地，當無法體會對方的感受時，也會表現於外在的態度上。請留意看看自己是否也會有如上圖般的不良反應出現。

● 專欄 ●

以 NLP 訓練對話力

所謂的改變「立場」(position)

締造出良好對話的關鍵，就在於使用讓對方容易接納的言語。為了達成上述目的，說話的時候不妨設身處地站在對方的立場。

然而，如果對方原本就是屬於自己不擅長應對的人，而且又不幸陷入進退維谷的狀態，想要以意識到對方的立場來做溝通就沒有那麼容易了。有時光是為了強調自己的看法，就會使雙方的氣氛變得很火爆。

當我們堅持自己的立場，也就是沒有為對方著想時，大體上都會出現如下的狀況。

- **遵守自己的原則→無視對方的原則**
- **陷入自己的情緒→不管對方的情緒**
- **不斷考慮自己下一步的行動→對對方接下來的行動毫無興趣**

我們平日在對話時都很少考量立場的問題，到底要如何才能站在對方的立場發言呢？

首先，要以強烈意識到「自我立場」的方式來進行對話。也就是說，談話時以「我……」開始。絕對不要省略主詞，要徹底地在對話時意識「自己」的存在。接著，再反問自己「對方會有什麼想法」，將注意力轉向位於「相反一方」的對方心聲與處境。

除了上述兩種立場外，NLP還有一種被稱作「善意第三者」的立場，關於這種技巧我們會在75頁詳加說明。

高橋，你最近的工作情況如何？
為了達到上半年的目標，我正在努力開發客戶。
下週可以請您陪我去A公司一趟嗎？
星期三如何？
看來你已經快達成開發20家新客戶的目標！
是的，下週客戶也已經跟我約好碰面的時間。
……
咦～為什麼我的工作狀況沒有辦法像高橋那樣順利呢？
説穿了我根本就和他是不同類人……
瞟

Scene.4

他人職場得意的秘訣是？

尋求能讓事情順利進展的理由

田中在工作的時候，同僚高橋不斷地快速達成目標的身影總是很難從眼前揮去。田中在旁觀望著高橋的成功，不免因而自慚形穢了起來，而顯得極度失落。

為什麼田中會覺得高橋的工作狀況很順利？田中自己又該如何達成工作目標呢？

在職場成功的人往往具備許多溝通秘訣。不妨從高橋的對話中尋找這類順利成功的秘密吧！

●任何人都有的檢查點

每個人對未來會發生的事都不敢做出百分之百的保證。因此相對地，如果有人說我們可以一邊精確地預測未來一邊度日，一定會讓你感到相當訝異吧！

舉例來說，我們試著以今晚要回家這件事來進行未來預測。跟平日一樣搭捷運與公車，最後再順著熟悉的路走回家就可以了，一點都不難。每天就算不事先調查需要花多少時間、該經由哪條路，我們也可以確實地返回家中。類似該搭哪班車、該怎麼轉乘，以及哪條路比較近、哪條路比較明亮安全等等，這些可以協助我們順利返家的檢查點，在不知不覺當中都已經被我們設定好了。我們的意識會半自動地針對上述檢查點確認並自行移動，而這些檢查點也可以稱作是成功的證據（evidence）。

我們為了讓事情進展順利，會在各個關鍵處設下檢查點，並依此展開行動。在職場上也一樣。為了讓田中的工作能夠獲得成功，他必須先釐清想達成的目標與其過程間的檢查點才可以。

檢查點① 設定目的達成時的場景（goal）

最重要的檢查點就是達成目的時的場景設定。以前面那個回家的例子來說，應該就是進入玄關並說出「我回來了」的時候吧！或者是放下包包看到孩子們的臉也可以。每個人對作為成功證據的場景設定都各有不同，只要那個場景能讓你湧起想要達成的衝勁、活力以及意願就可以了。

事實上，即使是口中經常掛著「很不順利」的人，潛意識中也存在著完全相反的順利場景。為什麼呢？因為這種人之所以能察覺出問題的存在，一定也是因為心中有想要達成的成果，與千萬不想出現的後果所致。雖然他自己可能沒有發現，但就是由於心中有成功的場景設定與目標存在，當遇

到現狀與預期不符時才會將現況視為「很不順利」（問題）。

檢查點② 方法與順序

在達成目的的過程中，我們所利用的方法與步驟也存在著檢查點。

高橋的言談間，包含著許多像是「如目標」、「有機會」、「下週」等關注未來的詞彙。這些都是他在邁向目的地途中的檢查點。此外，與上司對話的結果，也讓他迅速掌握了具體的行動方式（＝敲定下週的訪客日）。這當然也是通往成功的檢查點。

為了達到上半年的目標，我正在努力開發客戶。
應該有機會跟8家公司簽約。
下週可以請您陪我去A公司一趟嗎？

●成功的證據為何？

那麼，田中為了要獲得工作上的成果，究竟該怎麼做才好呢？答案就在下頁圖的漫畫中。

上司發現田中悶悶不樂後，對他提出「高橋他做得很成功，你怎麼知道的？」的提問。事實上，這個問題的真正用意是在探詢田中，如何從他人的行動裡找到成功的證據。對於腦中充斥著「很不順利」、「辦不到」的田中而言，這可以促使他的意識轉移到「到底怎麼樣才算順利？」或「自己要怎樣才能辦到呢？」之上。

聽了上司的質問後，田中舉出了「高橋的成功證據」。包括「他深思熟慮後再行動」、「面對問題很有彈性」、「充滿自信心」等。沒錯，田中想要成功的話，其實只要照著他回答上司、自行找出的要點具體去做就可以了。

因為問題的答案本來就在田中的腦袋裡。

●設法引出答案

上司為了讓田中自己找出答案，並促使他加以實行，所以在旁進行巧妙地引導。如果田中能參考高橋的作法並發展出自己的獨到見解，就會開始採用自己的方法。為了達成前述的理想狀態，可以利用如左邊A圖的提問方式。

這麼一來，田中就會思索其中的理由並加以說明。例如「因為自己曾看過他就算到了與顧客洽談的前一晚，高橋還是會再做最後一次簡報內容的修正，設想各種狀況去思考如何做簡報」等。

接著，上司便可繼續提出B圖的問題。

這麼一來，田中就會思考這個問題後做出回答。例如「對喔。除了準備簡報的

A
高橋深思熟慮這一點，
田中是怎麼知道的呢？
B
在自己的工作上也使用這樣技巧的話，
會有什麼樣的可能呢？

內容外，還得預先想好各種可能出現的狀況，以增加應變方法，這樣才能讓大家放心」等等……。田中透過這樣的方式，終於找到自己的答案。

● 專欄 ●

以 NLP 訓練對話力

GEO 模型

我們為了達成目的，會事先設置許多檢查點。在NLP中，這種技巧又被稱為「GEO模型」。「G＝Goal（目的）& Gap（問題）、E＝Evidence（證據）、O＝Operation（方法步驟）」。檢查點通常會在我們無意識中就被完成設定。最重要的檢查點當然就是達成目的時的場景，意即目標的設定。這在決定過程的方法與步驟時也是第一步的工作。

針對環境變化而必須靈活應對的方式也很重要。舉個簡單的例子，像是「回家」這個目的，假使電車因事故而延誤，就必須採取其他路線。假使每次途經的道路在施工，就必須繞道前進。這種隨機應變的靈活思考方式也是我們能繼續通往目標重要的關鍵。

〈GEO模型〉

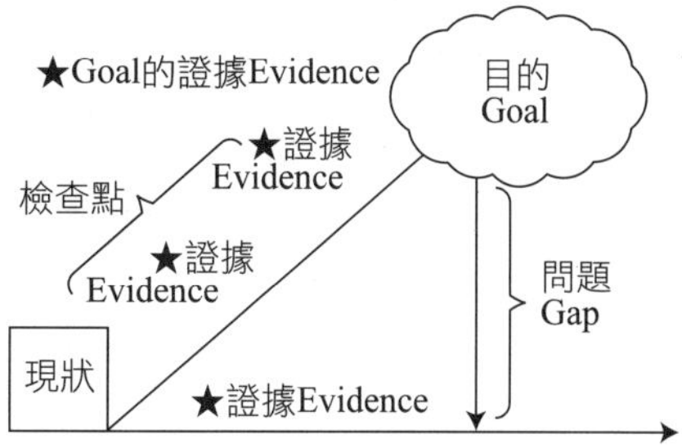
★Goal的證據Evidence
目的
Goal
★證據
Evidence
檢查點
★證據
Evidence
問題
Gap
現狀
★證據Evidence

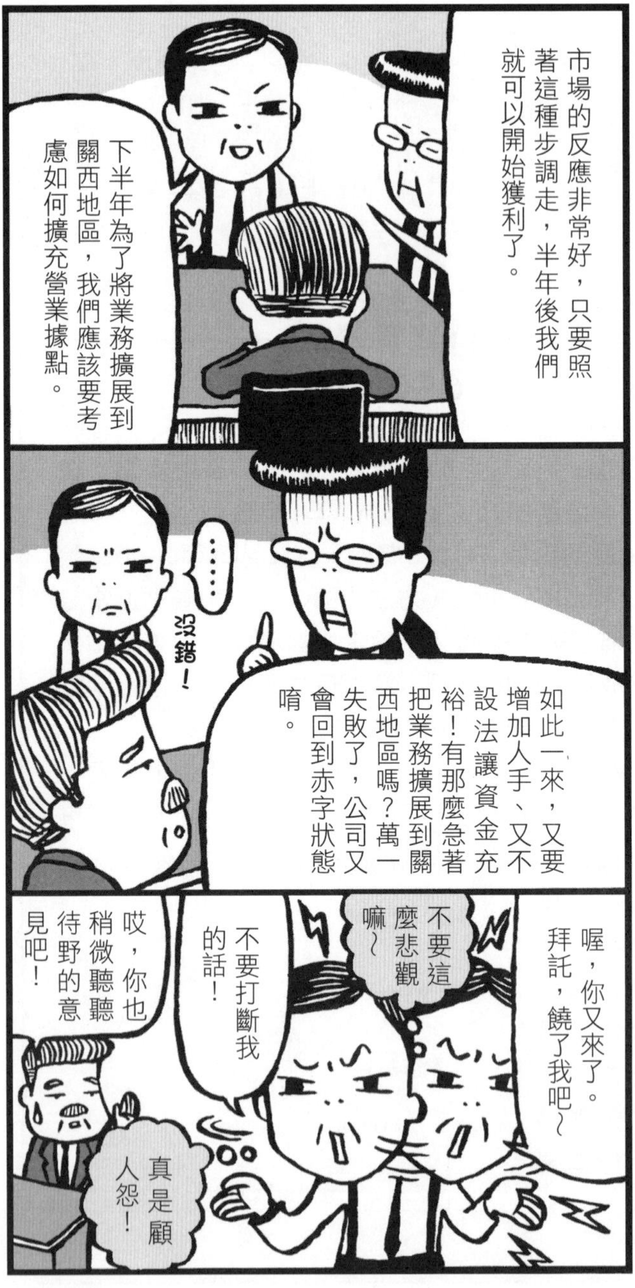

市場的反應非常好，只要照著這種步調走，半年後我們就可以開始獲利了。
下半年為了將業務擴展到關西地區，我們應該要考慮如何擴充營業據點。
……
沒錯！
如此一來，又要增加人手、又不設法讓資金充裕！有那麼急著把業務擴展到關西地區嗎？萬一失敗了，公司又會回到赤字狀態唷。
喔，你又來了。拜託，饒了我吧～
不要這麼悲觀嘛～
不要打斷我的話！
哎，你也稍微聽聽待野的意見吧！
真是顧人怨！

Scene.5

那個人是屬於目的型？還是迴避型？

化解對立的狀況

在董事會中，負責業務部門的向田為了擴大公司的利益，積極地主張增設營業據點。然而，負責管理部門職務的待野，卻提出了可能無法獲得客源及因此產生赤字的疑慮，而對向田的積極態度喊出「暫停一下」的手勢。充滿幹勁的向田只好在內心抱怨待野「這個顧人怨的傢伙」……

公司的會議偶爾會出現像這樣兩邊完全對立的主張。由於互相都覺得對方的思考方向與自己有極大的差異，很難獲得理解，所以會產生隔閡的感覺。為了要化解這種摩擦，我們究竟該怎麼做才好呢？

問題在這裡！

●對話的方向截然不同

負責業務部門的向田所提出之意見，著眼於積極開拓商機並擴大公司規模。他經常會說出「為了○○所以我們必須△△」之類的話，一種以目的為導向的思考。這是「目的型」人慣有的對話模式。

另一方面負責管理的待野，他所說的話就比較帶有消極與批判的意味。「為了避免○○～」等試圖迴避麻煩則是他慣有的思考方式。這種表現出迴避問題的態度是「迴避型」人慣有的對話模式。

目的型與迴避型都是表達方式的一種，並沒有誰優誰劣的問

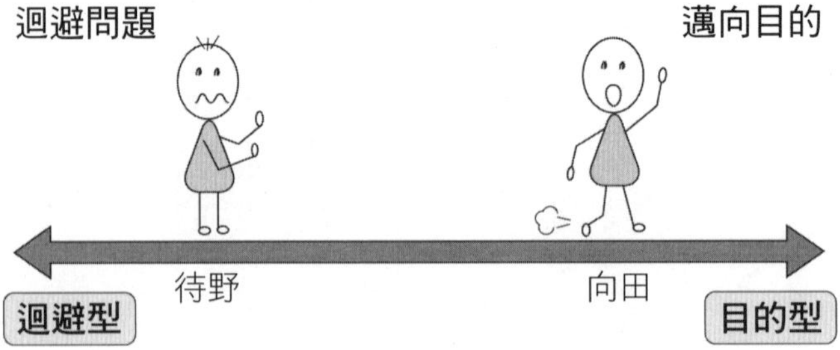

題。不過，因為雙方都堅信「對方跟自己不同」，所以經常會把對方視為棘手的麻煩人物。就像向田把待野視為愛找碴的「顧人怨傢伙」，待野心中可能把向田視為過度樂觀而不聽勸的「莽撞小子」也說不定。

改善重點

●目的型與迴避型各有擅長

不管是迴避型還是目的型，都各有適合發揮的狀況。迴避型主要能發揮功效之處，是在需要挽救失敗的時候，與處理疑難雜症的情況。

舉例來說，當企業發生洩漏業務機密等安全上的問題，而必須替顧客收拾善後時，即使一口氣表明「今後敝公司一定會更為小心謹慎」，也不見得有什麼說服力。但像是「敝公司為了防範同樣的問題再度發生，將會採取○○與××對策。萬一又發生△△的情況，我們也會盡全力避免損害擴大」等，聽起來就嚴謹、容易理解多了。這種時候還是以迴避型的表達方式較為妥當。

另一方面，新設立的企業為了宣傳與開始服務客戶，類似「我們會努力不讓客戶抱怨，並全力避免失敗與赤字」這種迴避型的發言就不太恰當。反而是「希望敝公司的產品與服務能提升客戶生活品質，在○○領域中成為佼佼者」這種目的型的表現方式會比較好。

從溝通中能獲得什麼?!

舉例來說，當對方的溝通模式屬於迴避型，而你又察覺出自己是目的型時，就必須先將談話焦點放在該如何迴避問題上。等到對於問題的應變方式已經討論得十分仔細後，再將倘若順利迴避後會是什麼情形傳達給對方，並開始關注之後該以什麼為目標、邁向何種結果。

向田的遭遇如果做參考48頁的改善範例來解決，說不定待野還會欣然同意他的擴大路線的看法。

醫師與教師

醫師的工作是為了不讓症狀更加惡化，而教師的工作則是至少不能對學生傳授錯誤的知識。

漁　夫

今天又要航向漁場來個滿載而歸！如果不以這種目的型的方式思考大概幹不了這行吧。如果每天早上都在擔心沒魚可抓，每次出海時想必會很辛苦。

藝術家

很少去考慮如果失敗了會怎麼樣。能讓更多人欣賞自己的作品應當才是創作活動的最大目的。

改善範例

原來如此，確實我們應該要避免公司的赤字再增加。為了不致陷入資金不足的窘境，應該要好好地擬定計畫。
由於對關西地區開發客源的對策是今後重要對策之一，所以在擴充營業據點前我們一定要事先仔細檢討。

我明白了，為了避免失敗請務必做好萬全的準備。
如果有預算方面的疑問可隨時找我討論。

就以我們生活周遭的事物為例吧。在討論不動產的物件資訊時，通常會以「離車站幾分鐘」來進行說明。只要明白顧客是屬於目的型或迴避型，就能發揮驚人的說服力。

對於目的型的客戶可以表示「這個物件離車站只有八分鐘，距離非常近」。

對於迴避型的客戶則可以傳達「距離車站不到十分鐘，一點都不遠」。

如何？你是否能體會其中的精髓呢？

● 專欄 ●

以 NLP 訓練對話力

後設程式（meta program）

NLP是以每個人不同的對話表達類型及特徵來考量適合的溝通方式，以專門術語來說這就是所謂的「後設程式」（meta program）。

除了目的型與迴避型之外，還有許多其他的溝通類型。舉例來說，就像「過程型」與「結果型」。遇到以事件過程為重點的「過程型」人時，一定要漫長而詳盡地談論所有步驟才能獲致結論。因此，通常只會直接闡述結果的「結果型」就會感覺前者很囉唆。「你的話重點在哪！你到底想說什麼？」通常是後者常出現的反應。另一方面，「過程型」的人聽了「結果型」的話後，則會有一種內容根本沒什麼，訊息不夠詳盡的印象。

成功的溝通必須先從理解他人與自己的類型開始。只要你能掌握後設程式的各種類型，你會發現參與會議或交涉都能獲得超乎預期的快速進展。

今天的會議又是七嘴八舌、亂成一團……

Scene.6

公司的會議是過程型？還是對立型？

開一場更有效率的會議

一場會議需要許多同仁的參與。有很多人會專注於發表自己的看法，完全無視其他人的意見；甚至還有人只是為了露個臉聯絡感情才來參加；或是為了補昨晚沒睡飽的眠，一進門就躲在會議室角落……。本來每一位與會者，都應該有自己的目的與角色分配，演變成這種結果只會讓會議的效率大大地降低。如果能提高開會時的對話效果，應該可以讓會議成果獲得驚人的進展。在達成上述的理想狀態前，我們必須先要有組織地加強參與者的溝通能力。

接下來要說明跟A公司的計畫。這是從三個月前開始……到了上個月終於……不過，在上星期的例會中C課長的臉色很難看……結果花了兩小時才好不容易讓他理解狀況，平安度過。接下來……
還有～
呃～
然而……
好煩 好煩
好煩
好煩 好煩
好煩
呃～
再來是～
好煩
好煩 好煩
呃～
然後～
Z～Z～Z～
呃～
呃～
唉……

問題在這裡！

●你會覺得如果不仔細說明過程別人就會聽不懂嗎？

在會議中做報告，從每個人不同的報告方式可以看出其溝通類型的特徵。最具代表性的就是①過程型與②對立型。

右頁的案例1就是典型的過程型。特徵是會沿著時間軸詳細說明事情的經過，否則就無法闡述結果，而且絕對不會自行在途中省略細節。他們很難一下子就說出事情的重點，所以經常會讓聽者感到非常不耐。在這種溝通模式下，會議經常會瀰漫著沉默、凝重與漠不關心的氣氛，聽話者往往心不在焉。

與此類型成強烈對比的就是結果型。這種人會開門見山地直接說出結論。由於結果型的人往往急於知道結論，所以經過型的敘述方式時常會讓他們火冒三丈。

●你是否習慣將反對當作自己的主張？

左頁的漫畫就是案例2的對立型。特徵就是很愛激動地提出相反意見。就算自己很贊同對方也不願乖乖地點頭認可。

這類人一開口就會送出「No」的訊息，以反對做為自己唯一的主張，並據此確立自身的立場。然而，在溝通時這種無謂的反對經常會消耗大家的氣力。

經過型的 改善範例

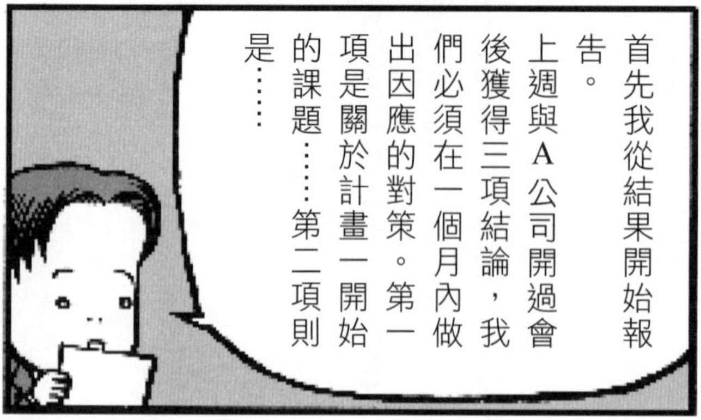

首先我從結果開始報告。
上週與A公司開過會後獲得三項結論，我們必須在一個月內做出因應的對策。第一項是關於計畫一開始的課題……第二項則是……

……
那是個好主意！
就這麼決定吧！
只要採用這項企劃案，本公司下年度的銷售額就能提升到兩倍。
因此……
嗯……這個企劃是不錯啦，不過！
稍等一下！你說的〇〇機率到底有多高？應該有確實地檢討過風險吧？這種事有前例可以參考嗎？有沒有人幫你覆核過呢？你確認一切都沒問題吧！
……
鴉雀無聲～～～
唉……又是這傢伙。他老愛潑大家的冷水！

改善重點

想知道自己屬於哪一個類型，其實非常地簡單。只要自問自己對步驟與方法比較有興趣，還是對結果投注較多的關心，就可以看出自己的思考與溝通模式是屬於哪一種。

針對過程型的改善方式，是一開始就要決定發言的重點，也就是將最重要的事項放在報告的開始。就算只有一句話也好，等描述結果的開場白說完後，再視時間許可補充其間的詳細過程。

至於對立型的人，則要仔細觀察自身的反對意見會對周遭造成多大的影響。此外，

對立型的改善範例

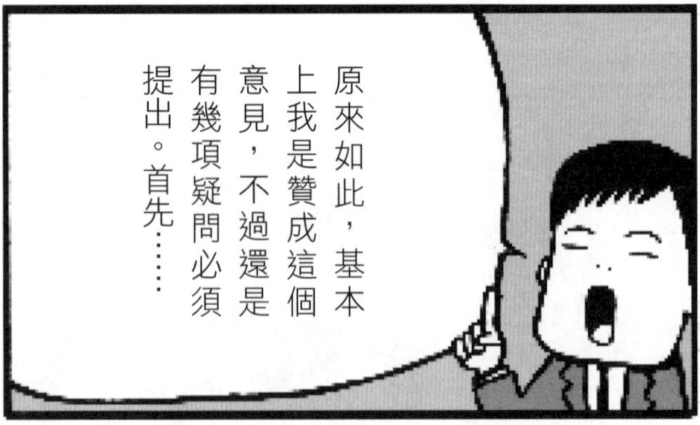
原來如此，基本上我是贊成這個意見，不過還是有幾項疑問必須提出。首先……

也要儘量讓自己學習能率直地贊同他人。要先表達自己的同意立場後，再提出內心的質疑。就算問相同問題，用這種順序發問也能大幅改變聽話者的反應，讓溝通結果變得更具建設性。

● 專欄 ●

以 NLP 訓練對話力

NLP 著重的要點

NLP以各種不同的角度觀察事物，藉此豐富我們的應對策略與選項。為了達成此一目的，我們必須邊區別各種不同類型的溝通對象邊聆聽。對話一開始不妨配合對方的程度與步調，等時機成熟後，再開始針對自己想討論的事拿回主控權（initiative）。這種技巧即為「定調與引導」（pace＆lead）。NLP是一種可以讓這種事化為可能的溝通技巧與工具。此外，NLP的溝通目的又經常是以引發對方的企圖心為前提。光是說話者或聽話者的一點反應或小動作，就有可能產生驅使對方行動的效果。這種稍微改變溝通模式便能有效提升業績的訣竅，你也不妨試一試。

第2章

消除不安，展現希望的對話

即使如此我還是要保持衝勁！

明天以前幫我完成〇〇！
沒辦法耶！
喂，明天以前〇〇可以完成嗎？
啊，那個沒辦法！
你這傢伙怎麼老是說沒辦法沒辦法！
其實是一點工作意願也沒有吧！
火大了

Scene.7

被告知「行不通」的時候……

化不可能化為可能的對話

你應該有碰過每當要委託工作時，嘴邊總是掛著「沒辦法」或「辦不到」的部屬吧？

這種情況久了，身為上司的人終究會認定「這個人一定是毫無工作意願」而發飆。只不過，光是發飆並沒有辦法提升工作效率與部屬的工作意願。

過了幾天，上司終於以溝通的方式讓總是「沒辦法」、「辦不到」的部屬變得對工作正面積極許多。他究竟是透過哪種對話內容才達成的呢？

問題在這裡！

我們會覺得自己「沒辦法」、「辦不到」的理由，通常有三大種類。

①因為不符合自己的預期而顯得興趣缺缺，所以會說辦不到。

②因為沒有任何前例可依循，所以會說辦不到。

③因為自己缺乏必要的知識、技術與經驗，或是不了解進行的方式，所以會說辦不到。

針對上述三項不同的理由，我們必須分別採取不同的溝通技巧。

改善重點

①不符合預期的事辦不到

期待是一種預期自己將來想要做某件事的想法。當事實與這種想法產生出入時，我

好久沒有跟女友約會，A希望能準時在5點時離開公司。

結果到了下午4點，上司卻抱著一堆資料過來，並吩咐「這要在明天之前完成」。

A先生內心吶喊著「幹嘛現在拿這麼多資料來——！今晚我打死都不加班！」但表面上卻只回了句「沒辦法」。

們很自然地就會出現「沒辦法」、「辦不到」的反應。請參照前頁的圖。

在並非缺乏能力，而是當下自己有其他優先事項待辦的情況下，當事者自然會產生一種不適合這項工作、拒絕發揮能力的反應。此外，當事者也會覺得自己的未來與原先的預期（＝對未來的固有想法）不符，而面臨崩解的危機。

因此，身為委託者的上司必須細心地進行溝通，並多騰出一點時間觀察部屬的反應才是。

②沒有前例可循的事辦不到

當固有的想法被突發狀況打破時，心中會立刻產生某種慣有的反應——類似的經歷大家應該都體驗過。

「之前沒有任何人做過的事，我真的能妥善

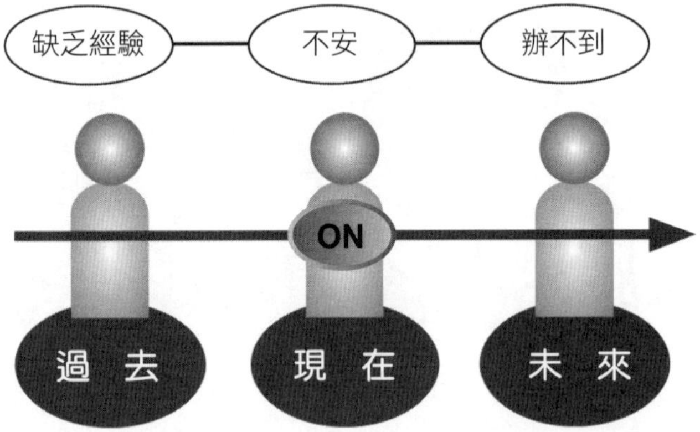

處理好嗎」、「這是不可能的」一旦心裡的這種狀態被啪噠一聲打開後，我們很自然就會說出「辦不到」、「沒辦法」這三個字。

沒有前例的事，在未來也都一定完全辦不到嗎？

仔細想想，把不可能化為可能，其實才是人們得以成長的良方。

③不了解該怎麼進行的事辦不到

由於缺乏相關知識、技術、能力和經驗而裹足不前，類似這種因缺乏作法而不敢放手去做的狀況，最簡單的對策是只要請旁人提供協助就好。

舉例來說，突然要一個專業的潛水夫去從事國際會議的接待與翻譯工作，他一定無法達成期望中的工作成果。所謂的適才適所，就是人要擺在他可以發揮己身能力之處，才能產生最大的效用。

然而，「因為缺乏能力所以永遠辦不到」可以說是一種成見。有意願的人，即使遇到從未經驗過的事，也會把它當成能增長新能力的機會，並充分發揮自己的學習能力。

假如有充足的時間可以培育人才，主管不妨在決定一個適當的範圍後，就直接讓部屬放手去體驗新的事物。只不過，這時一定要提供足夠的支援才可以。

●極限可以誘發人的挑戰欲望

聽到對方回答「沒辦法」或「辦不到」時，反而是你問出當事人內心那先入為主觀念的大好機會。「辦不到」其實就等於對自我極限的一種想法與表現方式。在非常重要的工作場合會說出「沒辦法」，意即NO，有時也代表著雙方的信賴關係。對方願意把自己的界限告訴你，代表你們有十分信賴的關係。這時候你應該以「這個人為什麼會認定自己辦不到呢？」的心情去徵詢對方意見，來進行「情報收集」。這樣的結果是被提問的對象也察覺到自身力有未逮之處，你就能針對他的不足之處給予支援了。「有什麼的話你就可以辦到？」或「為了～你還需要什麼？」等提問，可以引出讓對方產生出化不可能為可能的想法。

上司表示……
喂，明天以前可以把〇〇完成嗎？
你現在在做什麼工作？接下來預定要處理的業務是？
部屬回答……
是的，明天以前要把〇〇處理完畢。
具體時間是明天幾點呢？
這項〇〇工作的△△部分很重要，希望你能發揮你的企劃能力。
到明天早上10點前務必要完成，你還需要什麼協助嗎？
我該負責〇〇的哪些部分呢？
今天我預定要處理的業務是×××。既然如此可以變更一下，改以〇〇為優先嗎？

歡迎光臨！這件外套妳覺得怎麼樣？
顏色好、款式也不錯，最適合穿在妳身上了。
我今天不想血拼耶～而且上個月我才買過一樣的顏色……
如果有需要修改的話，我們可以馬上為妳服務喔！
這種顏色最好看了～跟妳非常地搭！要不要試穿一下？
好煩的店員喔～
嚇一跳！！
不必了！
火大!!!

Scene.8

當對方強行「加諸己見」時

空轉的努力

某一天，坂本來到一家百貨公司，閒逛進女裝專櫃。店員主動靠過來，開始對她進行一連串的促銷。

「這件最適合妳了」、「這種顏色穿在妳身上很搭，而且這種超人氣商品很快就賣完喔」……但話說回來，坂本上個月才在店員的慫恿下買了同樣顏色的外套，不太有購物的衝動。坂本對店員的推銷話語並不怎麼留意。

即使如此，店員仍然繼續進行疲勞式的轟炸，感覺不耐的坂本終於忍不住發怒了。然而，以店員的立場來說，對來到店內的顧客進行促銷，並為對方挑選適合的商品，本來就是件分內的工作啊……

為什麼雙方的溝通會在這裡出現摩擦呢？

等一下，這並沒有按照我當初吩咐的去執行嘛！
不是這樣的，應該照我說的做才對！
你們為什麼都聽不懂？真是莫名其妙～
轉身
那麼，這次可要完全照我的交代喔！
明明就照課長的吩咐去辦的啊，可是……
真正莫名其妙的是他吧！
還要照這樣做嗎～
發飆地說了一些話，結果到底說了什麼啊？

問題在這裡！

●站在「自己的立場」說話的人

前述的女裝專櫃店員與課長的共通點就是，都只站在「自己的立場」發言。這種情況下主詞是「我」（雖然有時候也會被省略）。類似「我是這麼想的，我是這麼覺得的」、「我的想法是〇〇，因此一定要照辦」等，將自己的看法與感受一股腦地加諸給對方。或者會以稍嫌激動的情緒說出「你為什麼聽不懂我說的話」，甚至是以近乎怒斥的高音量抱怨「你為什麼會有那種想法，我完全無法理解」等等，語氣中通常都帶有些許批判、指責對方的意味。

聽話者在這種情況下，通常會覺得說話者咄咄逼人，並產生（你還不是很任性……）、（又開始霸王硬上弓了……）、（好激動的傢伙……）等想法。雖然有時周遭的人也會提出帶有抗辯意味的回答，但大多都會選擇沉默以對。

這麼一來，當聽話者連續幾次都無法順利表達自己的意見時，就會在內心累積不滿的情緒，而且不知道何時會一口氣爆發出來。

只不過，這種習慣以「我如何如何」為開場白的當事人，通常都不會察覺自己的態度其實很主觀，所以也無法以區別雙方不同的立場的方式來做對話。

改善重點

●考慮「對方的立場」後所進行的對話……

在女裝專櫃店員的案例中，不論店員怎麼促銷商品都得不到任何結果。這是因為店員沒有站在顧客的角度設身處地發言的原因。如果店員能試著站在顧客的立場觀察這件事，對話內容就會變得如下一頁的範例一樣了。

在咄咄逼人的課長案例中，課長想傳達的內容並沒有確實地傳達給部屬，也無法激起部屬們的鬥志。搞不好整個部門的氣氛還會因此弄得很僵。當課長想要將自己的想法

簡單明瞭的提問
避免緊迫盯人
給予對方選擇的權利
歡迎光臨！需要什麼，我可以幫您做介紹？
喜歡哪件請隨意看，需要的話也可以試穿。
有什麼不了解的地方，隨時可以叫我。

給予對方發言的權利
沒有底色的這些話在心裡想就好
擺出願意傾聽的姿態
尊重對方的責任與意見
這並沒有按照我當初吩咐的去執行嘛！到底發生了什麼情況？
這樣的做法為什麼你們都聽不懂呢？（真是莫名其妙啊～）把實際的狀況告訴我吧！
如果有什麼提案就說出來我聽聽看，全都要拜託你們了喔！

完整地傳達出去時，一定要先考慮對方的立場並適切地提問，這麼一來才有機會體驗從未體驗過的另一個世界。

●另一種立場「中立」

只要能試著區別出自己與對方的立場，看待事物的觀點就會改變，在行動與對話內容上就可以有所選擇。這時可以試著自問，「我已經完整地傳達出自己的想法了嗎」、「對方有沒有聽進去」等等。如果你能警覺到自己又再以平日習慣的說話方式與強調口吻表達的話，就代表這時你已順利地站在自己與對方以外的中立立場看待事物了。對這種「中立」（neutral）的態度如果能有所認識的話，必能讓你在溝通時更順利地變換自己所處的立場。

在推展某項工作以及在努力過程中，或是人際關係出現不順、強迫自己一定要設法解決時，每個人都有自己習慣出現的下意識反應。在這個時候，若是能採取不同於平日的觀點與思考方式，必定能找出不同的行動與對應選項。那些在職場得意或是能巧妙度過難關的人，在進行所謂溝通時總是對立場問題相當敏銳，他們能充分地活用適當切換立場的技巧。

● 專欄 ●

以 NLP 訓練對話力

三種不同的立場

在對話中會出現三種不同的立場（知覺位置）。「自己」是第一立場（第一人稱，first position），對方則是第二立場（第二人稱，second position）。此外還有一個不屬於自己也不屬於對方、完全站在客觀位置的第三立場（第三人稱，third position），NLP稱之為「善意第三者」或「中立立場」（neutral position）。

請你想像如下的場景。你在職場上被友人嘲笑，正怒氣沖沖地發牢騷時，一旁的同事問「你為什麼要這麼生氣呢？」這麼一來，你很可能就會產生「自己為何要這麼生氣？」的想法而突然冷靜了下來。

第一立場就代表你自己。你的感受是「我被那人嘲諷，簡直是氣炸了」。

第二立場則代表從對方眼中看待的自己。「我（＝對方）只不過是開個小玩笑，就被你（＝自己）當作是惡質的嘲諷」。

第三立場則是從旁人眼中看待的自己與對方——一個是覺得被嘲諷的人，一個是覺得只不過開個小玩笑的人。

如果能同時意識這三種立場並進行對話，就可以從許多不同的角度看待事物。誰都曾站在這三者中的任一立場體驗事物，只不過我們平常不太去注意到而已。

雖說只要考慮對方的立場，就能順利溝通，提高對話的品質，但是NLP更是一種能實際體驗對方的立場、更深一層理解對話的技巧。

最近的年輕同仁都在抱怨工作量太大……真搞不懂！
真是身在福中不知福！竟然敢發這種牢騷！你一定要給我好好地教訓他們！
我了解了！
唔～似乎沒有獲得任何的解決……

Scene.9

與他人商討事情的訣竅

腦內的語言地圖

身為課長的長谷川聽到年輕的部屬們經常抱怨「工作量實在太大了」，才會在憂慮之下找自己的上司，也就是部長討論。

但是，部長卻喝斥了一句「竟敢發這種牢騷！」看來在部長的腦袋裡，「最近的年輕人＝草莓族」這種觀念已經根深柢固了。

長谷川原先是要跟部長討論部屬工作量的問題，卻沒有機會說出口，只能摸摸鼻子將來意吞回去。

不管是在職場或家庭中，我們經常都會碰到需要與他人商討事情的機會。你是否會不小心就出現類似這位部長的對應方式呢？

吉川
我這裡人手不足，希望能加派人手。
部長
妳啊，一天到晚老是在抱怨人手不足，調配人力不正是經理的工作嗎？
啊，是的，我會努力。
哎，到底要撐到什麼時候……

問題在這裡！

●每個人都有自己的「語言地圖」（腦中語言地圖）

請想像你腦中有一張代表你慣用的語言地圖，這張地圖的內容每個人都不一樣。當我們聽到他人的發言時，會根據這張獨一無二的語言地圖自行加以解讀。

舉例來說，當有三個人同時抱怨「工作量太大」時，每個人口中的這句話意義都各有差別。

其中某一人可能是想表達「希望能多雇用一名助理」，另一人是「希望找個工讀生幫忙一週」，最後一人則有「上個月工作量太大，下週希望能休假」的意圖。如果無法理解本人的真意，即使繼續進行對話也無法順利解決問題。

最近年輕的同仁都在抱怨工作量太大！
工作量太大？那些年輕同仁碰到的具體狀況是什麼樣？
耶!?
我了解了，我會馬上去查清楚具體情況再向部長做報告。
啊，我還沒詳細問呢！

改善重點

與人商談時，關鍵就在必須釐清「這個問題或課題會給當事人帶來何種具體的影響」。倘若能了解當事者心中的語言地圖樣貌，就可以更清楚理解對方的狀況與更詳知他話中涵義了。如果能清楚熟知商談對象的語言地圖，我們便能夠提出適切的提問。更重要的是，來尋求協助的商談對象通常都會發現，其疑難雜症的解決之道就存在於自身的語言地圖當中。

吉川經理提出「人手不足」的困難也是一樣。具體而言是在什麼狀況下才會造成人手不足的問題？而到目前為止這個問題又產生了什麼樣的影響？如果問題持續下去的話對未來會導致哪些風險？先透過這些問題的了解，才能讓我們掌握實際的狀況。

●重點在這裡！

・不立刻以自己的語言地圖解讀對方言談的意義與內容。

• 聽過表面問題後的指示或激勵能夠暫時解決問題，然而想治本就必須掌握對方的狀況。而為了達成上述目標就不要吝於對話。

• 透過詢問表象的徵兆可以引出內心的課題（例如工作量太多的具體情況是如何……等）。

• 針對引出的內心課題，要更進一步詢問解決之道。

新人早川的煩惱

我很怕在大庭廣眾之下開口說話。這是我的一大問題。

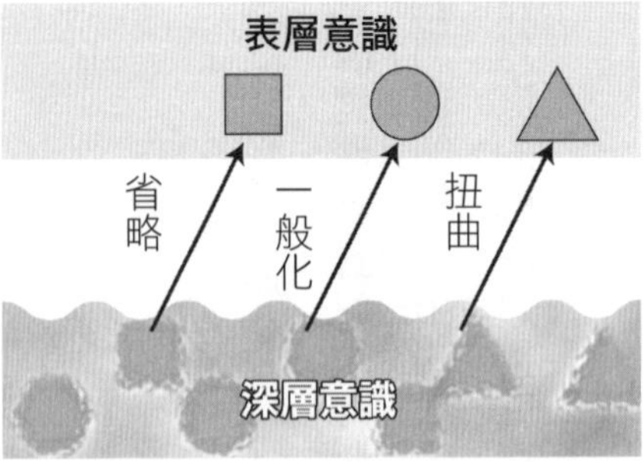
表層意識
省略
一般化
扭曲
深層意識

・答案就在當事人身上。因為那些問題都是透過本人的語言地圖加以認識、表達出來的，所以答案當然也在同一張地圖上。

・將表面性的問題透過語言表達一般化，不要讓它在組織或公司內傳開來。

那麼，當下一次有人前來商討問題時，要如何回答呢？

大腦深層部位的腦區（包括深層意識與潛意識），保存有我們完整的體驗。當我們必須以言語表達那些體驗時，就會出現三項特徵——省略、一般化，以及扭曲。

【省略】

早川所說的「無法在大庭廣眾之下開口說話」這句話，其實省略了很多部分。

「大庭廣眾之下」是指哪些人面前？「開口說話」具體而言又是說哪些話？而「一大問題」對他來說又有多嚴重？儘管對於說話者來說確實具有具體的想像與經歷，但在化為語言時，卻省略了許多細節。

【一般化】

所謂的一般化就是把單一的事件當作放諸四海皆準的真理。比方說，以「無法開口說話」這句話來表達自己的狀況，或許應該可以說是在某種情況下「無法做出說話那樣的動作」會比較貼近事實。並非指真的缺乏說話能力，然而如果使用「無法開口說話」的這種形容方式，會讓人誤以為不單是某些特定的場合，在其他情形下也會無法說話。

【扭曲】

扭曲並不是單純指曲解事物的真意，而是在X與Y間賦予某種意義使其連結起來。早川雖然直接將「在大庭廣眾之下無法開口說話（X）」給了個等同於「問題（Y）」的意義。但實際上以他言語中所省略的部分來說，「想在人前暢所欲言」才是他真正想要表達的內容。也就是說，「我明明具備可以在大庭廣眾之下開口的價值與意義」、「我卻在某些人面前無法暢所欲言」，於是最後才連結到「這就是一大問題」。

在這裡並不是要褒貶省略、一般化，以及扭曲這三項特徵，而是要點明我們在使用話語表現經驗時經常會有這樣的過程。然而，對於被問題或困難纏身而進退兩難的人來說，這三項卻經常成為嚴重的絆腳石。在這種狀況下，根據每個人所使用語言的習慣不同，有時當事者在無意識間甚至會自己引發問題。

當發現周遭人碰上這種窘境時，請一面建立起信賴關係一面適切地提出問題來進行商討。所謂適切地詢問，是指可以深入對方的語言地圖，一起找出解決之道。

舉例來說，可以這麼提問

你在大庭廣眾之下無法開口啊。嗯～原來如此。所謂的大庭廣眾是指哪些人？
事實上是V課長與W前輩。V課長雖然是我棒球隊的學長……
原來如此，那你希望自己能怎麼做呢？
我希望讓他們聽聽我的意見，即使有錯也希望他們能糾正。但我總是有所顧忌，出口反駁他們覺得好像很沒禮貌……
你應該不是那種不被前輩們認可的小人物。請放心，試著對他們說出自己的意見如何？
我明白了。非常感謝您！

● 專欄 ●

以NLP訓練對話力

該如何面對容易緊張的人

緊張與否完全視當事者的自我認知決定。當我們認為自己陷入了「不安」時，就會真的感到不安。

讓我們以NLP的信念層次來考量這種固有成見的問題。如果對已經深信自己陷入不安的人給予「一定沒問題」的鼓勵，時常會出現反效果。這時應該要豎耳傾聽對方的不安之處，並一起尋求具體的解決方法才對。

先意識出究竟是哪種固有成見製造出當事者的緊張情緒，就可以利用接下來的分類設法解決了。

1 杞人憂天型

這種人總是擔心未來一定會發生什麼問題。即使自己擬定的計畫非常地嚴密，也深信會有無法如預期、百密一疏的時候。

這種類型的人內心通常是完美主義者，對於事情的每項細節都願意不辭辛勞地去做努力。但這麼做的結果反而是為自己找麻煩。面對這類型人，只要請他詳細闡述發生問題時的狀況，他一定會開心地回覆你。

2 重蹈覆轍型

一開始就覺得事情一定會像上次那樣進展不順，對於之前所遭遇的失敗耿耿於懷。

如果問這類型的人「中餐你吃了些什麼」，他想必會回答「昨天是薑汁燒肉，所以今天好像是魚吧」等等，很難不將意識集中在過去的資料中。由於這種人懷抱著事情必定會重蹈覆轍的固有成見，所以我們必須提醒他過去也曾經出現過不同的結果。

3 習慣悲觀的「失敗海嘯」型

雖然在這之前的成果都算還不錯，但卻總是認為人生不可能永遠都這麼平順。

總是像統計學那樣預測未來的人，而且答案都偏向否定。面對這類型人，不妨把即將會發生的失敗狀況，儘可能侷限在這無關緊要的小事上。故意製造一點小麻煩反而能讓這類型人感到安心。

●緊張的四種類別

除此之外，依公司員工的年齡與資歷不同，也經常會有各式各樣的不安例子出現。在此，我們將針對不同類別員工的提問與回答範例表列於下。

【類別1】資歷1～2年

大部分都缺乏對環境的適應能力，會產生如①般對環境・行動的不安。另外，他們都還處在培養能力的階段，因此很容易會因為能力的缺乏或不足而沒有自信。

類別	①環境・行動	②能力
提問的模式	有什麼不安嗎？	你為什麼會感到不安？
回答範例	聽到○○部長的聲音、星期一的營業會議、跟上司談話。 	無法充分表達自己的意見，這樣勢必會被他人誤解。那麼自己便沒有辦法完成所交付的工作。 

【類別2】資歷3～4年

經常苦於無法找出自己下一步的方向，會出現如②般對自己的能力感到不安。這個階段是釐清工作與自我價值的時候，但對價值的理解仍屬似懂非懂、未成熟時期。

【類別3】資歷8～10年以上

終於釐清每天的工作與行動會對自己的人生產生何種的衝擊，有很多人會開始思考自己的人生方向。不安大部分都集中在如③的價值之上。這是因為他們所追求的已經不是以往的能力或行動，而是在需要其他解決之道的立場（自我認同，

④身體感覺	③價值
當你感到不安時，身體有什麼感覺？	為何不安呢？
胃部會隱隱作痛，總有一種腦袋恍惚的感覺。  	無法達到預期、怕自己的評價變差。 

identity）之故。

【類別4】離退休前3～5年

回顧過去的工作內容與人生，並加以認可，不久之後就要展開另一階段的新生活。面對退休這項大哉問，關於①環境．行動、②能力、③價值這三種不同要素同時產生的不安。

身為提問者應該注意的一點就是，不可任意地以自己的想法來解釋對方的不安成因。

舉例來說，面對某位即將退休而感到不安的同仁，他所擔憂的其實並非自己退休後的去向問題，而是少了自己後公司今後的部署與該如何的發展。

如果提問者擅自臆測，以為對方是為自己的出路而感到不安，那就無法正確地接收到關於對方不安的正確訊息了。一開始就將對方的問題一般化，是使得溝通出現障礙的重要因素之一。

然而與其將所有同仁的不安歸納在前述所說的類別裡，還不如在實際進行溝通時，事先設想可能會遇到這類相關問題，再從這些問題開始談起較為恰當。掌握好基本的談話模式，接下來該如何活用便端視個人的技巧。

為了要正確掌握對方的不安來源，豎耳傾聽對方的發言絕對是不可或缺的第一步。當仔細聆聽對方的談話後，再徹底地問出當對方面對徬徨的未來時，企圖得到什麼樣的結果是最佳的方式。

以為只要大喊「加油！」，對方就一定會努力……

Scene.10

讓人洩氣的上司與激勵人心的上司

何謂理想的領導者

希望公司同仁能充滿幹勁、努力工作的佐佐木部長，今天也強烈地激勵小林「一定要加油！」部長還說：「只要現在多努力一點，以後就會輕鬆了！」

由於他自己也是在公司一路打拚走過來的，所以激勵的語氣也變得十分熱情了起來。

但話說回來，小林似乎沒有被佐佐木部長的熱血沸騰感染，部長只好再度強調「總之，你加油就一定有好結果！」拍拍了他的背……

●對未來的想像＋價值交換＝信賴關係

在下方的漫畫中，是比佐佐木部長所採取的激勵方法更佳範例。至於兩者間的差異到底在哪裡呢？

這位部長的對話內容非常具體，而且還勾勒出如圖畫般栩栩如生的未來想像。身為聽話者的部屬自然能很清楚地在心中描繪出未來的光景。邊描繪未來景像邊討論各種的價

這次的計畫只要能夠成功，我們部門明年的預算就會增加三倍。
這麼一來我們就可以多雇用兩成的人手，妳一直很想要當前輩也不是問題了。
為了部門的發展，還要請妳多努力！
前輩請指導我！
我明白了，就包在我身上！

值。這都是因為對方了解了意義後才有行動之故。

●了解意義後才能行動

下面再舉兩個例子，說明該如何避免溝通時的陷阱。

陷阱1

由於部屬無法完全理解上司的指示，所以採取了錯誤的行動。當工作成果跟預期不符時，上司便認為這個部屬不適任，相對地評價當然不高。另一方面，部屬因為無法滿足上司的期待，覺得自己好不容易執行完成的部分也是無濟於事，因而失去了自信與意願。

採取新的流程的話，生產力能直接跳升二倍以上！
怎麼樣？很強吧？
……
數個月後
……
對……對不起，我重做一遍。
是什麼樣的流程啊？請……請等一下……
我期待你能達到令我滿意的結果！那就這麼辦！
啪噠
啪噠
為什麼會行不通哩……？難道是這個傢伙不管用？
唉～今晚又要熬夜加班了。我明明已經很努力做了說……

陷阱1的對應法

這個問題的癥結主要是在於，並沒有去確認對方對於自己所指示內容有什麼樣的理解。我們總是認為能夠將自己所見、所聽、所想的事情，完全無誤地傳達給聽者。以為只要向對方說明，對方就能如同自己所理解的那樣對內容也能理解。就像這位上司那樣說明後便要求部屬立刻執行的例子，在現實的職場中常常見到。

像這個時候，其實只要要求部屬在採取行動前覆誦一遍指示就可以解決了。舉例來說，上司可提出「你說說看對於剛剛的指示你的理解是什麼」的提問，或者是由部屬主動確認「我接收到你剛才的指示就是○○之意，我的理解是正確的嗎」。

此外，在傳達指示時，對「步驟」或「結果」上何者投入更多的關注也會依每個對象的種類不同而定。如果部屬是「步驟」型，就會對抵達結果前的每個過程與細節非常堅持。這種時候不妨在指示中增加更多關於「順序」與「格式」的資料。相對地，對於「結果」型的部屬而言，只要能達成目標就好，其餘小地方都無關緊要。這種人就可以直接了當地對他強調結果與目的。如果不清楚對方的類型，就同時在指示內置入「步驟」與「結果」兩方面的資訊。這樣的話，對方就能輕易地獲得理解。

陷阱2

就算部屬已經聽懂公司的指示，但在還沒有領會這件工作的意義之前就直接開始行動的話，還是很容易陷入缺乏衝勁的狀態，也很難對這件工作專心一志。最後就算完成了部分成果，但在缺乏對提升能力與品質的堅持下，依舊無法完全發揮當事人的潛力。

就算理解了指示……

新的流程有什麼特殊之處？
可以預期何時會看到成果嗎？
如此如此……這般這般……
嗯！但我還是不明白為什麼要這麼做……
好吧，總之我會開始做準備工作。
數個月後
我們公司一點也不尊重人才嘛，這樣下去將來真的沒問題嗎？
嗯！是做出一點成效了，但還是停滯不前啊……

陷阱2的對應法

對方已經大致理解了指示的內容，甚至已經進展到有部分成果出現的程度，但卻無法看出對方在這件工作上所使出的全部氣力。這都是因為沒有將目的（＝工作希望達成的價值）好好傳達給對方之故。倘若下指示的人與接受指示的人都只將指示內容視為單純字面上的意義，就很容易發生上述情況。在正式展開行動之前，雙方應該先針對這項行動的價值進行對話才是。

上司必須以「採取新流程後生產力能提升至二倍，你希望誰改變什麼呢」之類的話語，將指示內容更具體地傳達給部屬。另一方面，部屬也不要將「這項工作的目的為何？」等疑惑藏在心底，應該要直接對上司提問，或是先自行思考後再將思考的內容於對話中與上司進行討論。不單單是下達行動的指示，還必須先在對話中將這項行動所能製造出的「價值」提出，將工作從單純的執行面轉換到所產生的價值和意義面上。由於價值是一種形而上的概念，能在日常的對話中時而提及，會是一種很好的練習方式。

● 專欄 ●

以 NLP 訓練對話力

建立信賴關係的營造親和感

NLP認為，對話的基本就是要「營造親和感」（rapport）。營造親和感在法文中有「架起橋樑」之意，架構起人與人之間的心橋。換句話說在雙方心意相通狀態下，就能建立起彼此的信賴關係。

舉例來說，當雙方熱心地共同參與某項工作時、一同度過難關時、一起用餐時、大吵一架後重修舊好時……在日常生活中的許多場合，我們都有可能與某人產生像這樣的親和感。

再舉個例子，當我們與某位長年來都很難相處的對象談話，突然第一次察覺「這傢伙搞不好比我想像中要來得好」的瞬間，兩人的誤解便會在不知不覺中冰釋。這就是親和感一下子被營造成功的時刻。至於如果要更加深雙方之間的親和感，就得以各種型式的對話繼續下工夫才可以。

意氣相投的兩人有時候不需靠言語也能進行溝通，這就是深層親和感已經被營造完成的明顯例子。

只要能妥善營造雙方的親和感，就能對彼此產生一種「對方會好好聽自己說話」的感覺，這麼一來會讓我們產生更想理解對方的意願。相對於沒有親和感的狀態，這種時候要說服對方當然會容易多了。

「公司的行動規範」
•注重時效
•回報結果
•團結一致
新庄，你跟那位客戶聯絡過了嗎？
是的，昨天已經聯絡了。
那你可以把聯絡後的結果寫成書面報告交給我嗎？
嚇一跳！
沒有，我現在才要開始寫。
什麼，你還沒開始動手啊？
書面報告真是有夠煩的。
唔～
為什麼要寫這種無聊的東西嘛！

Scene.11

腦中明明就塞滿了「一定要努力」的叮嚀……

培養意願的方法

對新庄而言，要將工作結果寫成書面報告是不必上司提醒他就已經知道的事了，但「麻煩死了」這種情緒卻始終盤據在他的心裡，使他一直遲遲不願動手。

你是否也曾遭遇過類似這種「明知非得做什麼不可卻很不想動」、「只要做就有把握完成，但卻一直沒那個衝勁」的情形呢？自己為何會如此缺乏動力？到底該怎麼做才能鞭策自己？

此外，假設你身為新庄的上司，應該要怎麼進行對話才能在旁支持他著手進行？

培養意願的重點

●從「做什麼」變成「為何要做」

行動需要知識與能力。新庄確實具備書寫報告的能力（知識．經驗），但是卻無法發揮應有的表現。到底是什麼原因在阻礙他動手撰寫書面報告的呢？答案就在他完全缺乏意願這點上。那麼想要引發部屬的動機時，什麼是必要的呢？

【讓人缺乏意願的例子】

傍晚時分，好不容易從客戶那兒返回公司，雖然飢腸轆轆，但想到方才與客戶進行的冗長會議，於是打起了書面報告。利用加班時間，好不容易完成有的沒的工作，才將報告放在上司的桌上疲憊地返家。結果到了翌日下午，自己剛好有事來上司的辦公桌前，卻無意間發現自己的報告還原原本本地擺在上頭，連翻都沒有翻閱過的跡象。

「為了什麼目的（＝為何）要寫報告？」這才是提升部屬行動動機的重點。因為先有交報告的目的與理由，對方才會願意採取行動。假使做這件事沒有任何目的或理由的話，行動最後也是徒勞無功。如果雙方都不了解行動的目的，那麼撰寫或閱讀報告就不具任何的價值。這種無意義的作業只會讓當事人完全提不起勁。

●要肯花時間與對方溝通

在這種情況下，上司不可只對部屬使用「你去做什麼什麼」的溝通方式，而是該告知對方「為何要做這件事」。此外，要引發他人的衝勁，很重要的一點是必須確實地確認對方是否已完整理解這項行動的目的。例如可以提出「你知道為何要委派你做這項工作（行動）嗎？」之類的問題。讓對方主動反問「為什麼」，這也是提問的技巧之一。當接受指示者尚未完全理解之前，請務必徹底地將訊息好好說給對方聽。當對方理解自己的行動具備充分的價值，或是能發揮某種用途時，對方就會發揮出自己的能力了。

令人意外的是，我們平日對價值層面的目的，通常都很難完整表達。這是因為我們容易將自認為有價值的事物，誤以為對方也認同。

因此，日常生活中最常出現的還是「你去做○○」、「你不可以做××」這類行動層次的對話，單純地就是在要求他人可以做（命令）或不可以做（禁止）什麼而已。一個「命令」與「禁止」的對話經常出現的組織，必然會顯得暮氣沉沉且缺乏活力，更缺乏提供個人發揮創造力的空間。另一方面，如果組織內有許多活潑而創造力豐富的成員，該組織的對話想必會經常以「為了什麼目的而去行動」這種形式出現，對行動的目的與理由會多所著墨。

「為了△△目的該怎麼行動？如果是你的話會怎麼做？為何你認為需要○○的協助？」類似這樣的問題最好能經常提出來。當目的與理由明朗化後，行動結果的價值才會清晰浮現。

那麼，新庄認真寫一份報告的話，究竟能為部門產生什麼樣的價值呢？透過他的這份報告，全體部門人員都能一同共享關於顧客的業務資訊。倘若部門真能實現一致性的服務，便能迅速確實地達成客戶的需求。這份報告除了可以增進部門全體同仁的知識外，也能讓新庄下次採取行動時獲得同僚的協助，進而創造出成果。新庄只要理解上述的價值，應該會立刻對著電腦奮筆疾書吧。

當部屬沒有依照自己的指示行動時，搞不好是因為部門內已經充斥著行動層次的命令與禁止對話。此時，正是以「為什麼要做這項工作？」的方式進一步將目的與理由好好傳達出去的機會。

能激發衝勁的溝通範例

你的報告寫好了嗎？
還沒有，現在正要開始寫。
這麼一來，以後大家都會知道該如何與那位客戶應對了。
……
你知道為什麼要寫那份報告嗎？
你所得到的客戶資訊將會分享給全公司。
恍然大悟！
這就是公司上下團結一心的表現！
原來如此！

以 NLP 訓練對話力

思維價值層次（neurological level）

NLP理論中有一種名為「思維價值層次」的溝通模型。利用此一模型除了可以區分對方的發言層次外，還能在各種場合下更輕鬆地將對話主旨傳達給對方。模型中的 六 種層次正如下所示。

圖　思維價值層次

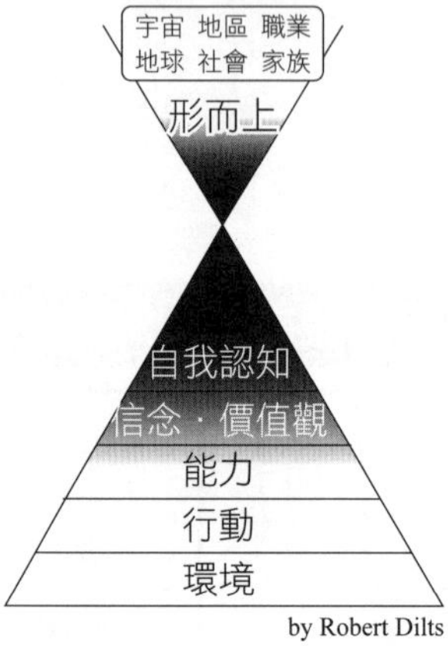

〈摘自《看見真正的自己——運用NLP實現精采人生》（千葉英介著，世茂出版）〉

環境「在哪裡？什麼時候？」

行動「要做什麼？」

能力「什麼樣的？」

信念・價值觀「為什麼要做～？」

自我認知「我是誰？扮演什麼角色？具有什麼任務？」

形而上「為了誰去做？（更大的）為了什麼去做？」

當某位客戶的公司環境出了問題時，只要能先幫對方區分清楚問題屬於何種層次，便可輕易地自行發揮解決能力了。另一方面，這種模型也可以幫助我們進一步釐清目的。

第3章

創造能了解對方，並直達人心的對話

想建立更深一層的人際關係！

湛藍的海，還有耀眼的金黃色陽光，大家都戴著太陽眼鏡。
田中的回答
我想到「超低價機票」。還有為了暑期旅遊所收集的旅遊導覽內容。
超低價機票
暑期旅遊
鈴木的回答
海風輕撫臉頰，既舒適又放鬆，還有看起來頗為優雅的我。
新庄的回答

Scene.12

只要知道對方的類型便能瞭解對方的個性

「觀察」對話的方法是？

聽到「出國旅遊」，你會做什麼樣的聯想？只要說出最先浮現於腦海的事物就可以了。

這裡舉三個人為例，他們各自都擁有不同的特徵。而在這裡所指的特徵，就是表現出我們平常在溝通時優先使用的類型。

瞭解溝通對象的優先類型，除了可以拋出讓對方更容易理解的發言外，還能加深雙方的理解，進而建立信賴感，並且提高溝通的對話品質。

三種類型

人類是透過五感（視覺．聽覺．嗅覺．味覺．觸覺）認知周遭的世界，並對周遭的其他對象發出訊息。任何一個人都具備五感的能力，但是在平日進行溝通之際，卻會有較常優先使用的類型，大致可分為如下三種。

①**視覺型**…將事物以圖畫、照片，或影像來掌握的類型。

②**聽覺型**…在掌握事物時經常是透過文字及語言，或者是以邏輯思考的方式架構、組織。

③**身體感覺型**…在掌握事物時經常是透過身體的感覺。這種人要把身體感覺轉化為語言通常得花上不少時間。

優先類型不同的田中、鈴木以及新庄，在開會時可能會出現這樣的情況。

……大概就是這種感覺，麻煩你們了
我不懂你的邏輯，可以再詳細一點說明嗎？
怎麼會不懂呢……？
嗯～
那個……
啪噠啪噠
新庄，我也看不到你說的。
心跳加速！
耶，是喔……？
今天的會議沒把我的感覺表達出來吧……
還有，他說的「看不到」是什麼意思？
苦惱
今天新庄到底想說什麼啊？我實在沒辦法想像那種場景……
對了，我剛才就想問，田中君你是可以把對話內容用圖畫的形式來看嗎？
這不是很怪嗎？對話內容應該用理解的才對吧？

以提到「出國旅遊」這個詞所聯想到的事，來分析前述三人的不同特徵。

田中聯想到「湛藍的海」與「金黃色的陽光」，也就是以顏色和實際看到的事物（海與太陽）來表現自己的感受。他還看到了海灘上戴太陽眼鏡的遊客。像這種會立刻說出眼睛看到什麼景象的人，就是經常使用視覺的視覺型。

鈴木聯想到的是旅遊導覽手冊上的「超低價機票」這幾個字。雖然她也有運用到視覺，但基本上是歸類在唸出文字並加以分析的聽覺型。

至於像新庄這樣會使用「輕撫」、「放鬆」等形容詞表達身體感覺的就是標準的身體感覺型。

●理解聽話與表達方式的差異

在會議中，我們可以發現優先類型不同的這三人出現了雞同鴨講的狀況。事實上，優先類型不同的人在開會與商討事情時，經常會發生無法理解對方談話的內容，或是不知該怎麼接話，以及無法解讀現場氣氛與對方感受的狀況。一旦雙方的優先類型不同，自身所需求的感覺、語言、圖像就無法順利地從對方身上取得，只好繼續向溝通對象要求資訊。而相對地，溝通對象也會因為「為何這麼努力表達了卻還是說不清楚」而感到困惑。

■在對話中表現的特徵①視覺型

田中所謂的「看不懂對話內容」正是視覺型的表現方式。「今天新庄到底說了些什麼，我實在沒辦法想像出那種場景，該怎麼辦？」這種表達方式也是會在腦海內描繪場景的視覺型特徵。

■在對話中表現的特徵②聽覺型

鈴木所謂的「邏輯性」與「詳細說明」這種表達方式，正是聽覺型的一大特徵。此外，這種類型的人還經常使用「思考」、「理解」等表達方式。「理解對話內容」也是這類人奉行的準則。

■在對話中表現的特徵③身體感覺型

新庄的「……就是這種感覺」以及「手腳啪噠啪噠」、「心跳加速」等這類很少用語言表現的部分，就是習慣以感覺溝通的身體感覺型特徵。

●對視覺型的田中

「你想看哪一種風景？」「你想去的地方大致是什麼樣子的？如果以圖畫來形容的話？」

●對聽覺型的鈴木

「你想要做哪種方式的旅行？」、「你對這趟旅行有什麼樣的期待？」

●對身體感覺型的新庄

「你想要什麼樣感覺的旅行？」、「哪種氣氛比較好？」

●從不同類型中產生的技巧！

善加利用不同的優先類型，除了可以改善溝通品質外，還能發掘出新的溝通技巧。仔細聆聽對方的言談與對話內容，就能推測出對方的優先類型為何。接著，再如右圖那樣。舉例來說，面對優先類型是視覺型的人，不妨從他比較能接受的視覺型對話開始進行。

●專欄●

以NLP訓練對話力

表象系統（representation system）

在溝通時使用的這三種類型，以NLP專業術語稱之即為「表象系統」。五感在此大致區分為視覺（Visual）、聽覺（Auditory），以及身體感覺（Kinesthetic，包括嗅覺．味覺．觸覺），所以又可用VAK簡稱它。人之所以會對相同的一句話或狀況出現不同的反應，就是因為使用的表象系統不同之故。

這裡的重點在於，不同的表象系統並沒有所謂的優劣之分。且事實上，任何人都能均衡地使用所有五感。首先請你確認一下自己的遣詞用字，這麼一來便可確知自身的表象系統類型。在簡報等需要對許多人傳達重要訊息的場合，不妨分別以表象系統的三大類型各各加以說明。針對同一件事，你也可以同時利用視覺．聽覺．身體感覺這三類表現方式，不厭其煩地詳盡表達。

沒發現客人上門，自顧著聊天的店員們

Scene.13

反應機伶的人與反應遲鈍的人

睜大眼睛・集中精神

鶴龜百貨公司的中田社長，平時都囑咐全體的職員「必須真心誠意地為顧客提供服務」。

某天，中田社長悄悄來到女性服飾的賣場進行視察。賣場的店員們站在貨品陳列架前談天說地，根本沒有注意到顧客上門。「公司的經營理念根本沒傳達到第一線嘛～」中田社長見狀忍不住嘆了口氣。

服務顧客的基本就是溝通。為了達成這項目標可不能只靠客服手冊。真心的服務，究竟是什麼呢？

在另外一天的午休時間，中田社長來到一家歷史悠久的餐廳享用午餐。餐廳最裡面的位子已經有人預約了。沒多久，看起來應該是預約的客人到了，那是一名坐輪椅的女性以及幫她推輪椅的男性。負責櫃檯的服務人員一看到，立刻對帶位的服務生示意，並以笑容迎上前。而帶位的服務生也非常機伶，並沒有帶客人到較裡面的那張原本放了預約牌的預約席，而是改到接近入口處的位置。在這個案例中，中田社長一共察覺到三項關鍵。

●善體人意的溝通關鍵①

好奇心

「這位客人是什麼樣的人？」、「今天顧客是為了什麼才造訪我們的店？」要讓員工高度具有能站在顧客的立場，解讀對方的期待與希望時，須要好奇心以及觀察力與想像力。

在餐廳中，服務生弄清楚狀況後立刻做出判斷，並機伶地對應顧客的需求。
店員必須經常意識到「這位客人是什麼樣的人？」、「顧客是為了什麼才造訪我們的店？」等問題。

百貨公司的店員顧著聊天，完全沒有發現顧客上門。這代表不管是對自家的商品或是想要來購買的人，她們都不是很感興趣。

●善體人意的溝通關鍵②

衝擊

所謂的衝擊（impact）就是指自身的言行舉止會帶給對方何種影響。例如「自己以這間公司職員的身分所表現出的行動與態度有什麼樣的意義？」、「自己的行動與存在會帶給顧客與周遭其他人什麼樣的影響」等，不妨先試著自己問自己，藉此再次確認自己的態度與語言所代表的意義為何。接著，再想像自己是接受服務的一方，確認自己想要傳達的事，有沒有透過行動清楚地傳達到顧客心中。

以餐廳的帶位人員為例，他會有下列思考：「櫃檯同事的那個眼神是什麼意思？」、「啊，那位客人坐輪椅不方便，應該要準備比較寬敞的位子」然後立刻採取行動。

完全沒察覺到顧客的店員擋在自家的商品前聊天，也沒注意到這麼做會帶來什麼樣的影響。

●善體人意的溝通關鍵③

預測不久的將來

所謂預測不久的將來，是先徹底考量過「好奇心」與「衝擊」兩項要素後才出現的行動。例如「如果我對顧客進行△△服務的話……顧客是否會因為是〇〇而感到高興」等。而不久的將來有可能是幾分鐘後、幾小時後，甚至是幾天後的事，我們必須在當下就先進行預測。

○

以餐廳的帶位人員為例，要思考就像是「要方便輪椅移動，必須帶到空間寬敞的座位才可以」、「靠近入口的位子比較近」等等。

×

顧著聊天而沒有發現顧客的店員們，意識依舊停留在之前（過去→現在）的職場中。沒有考慮到該如何對服務品質加以改善，也沒有留意不久的將來會發生什麼事，更對自己造成的影響非常遲鈍。

對顧客的遣詞用字以及表達方式固然重要，
但更重要的是所有的都必須發自內心。

●鍛鍊視覺是溝通的第一步

我們對周遭所出現的各種訊息，都是先就眼睛所觀察到的部分掌握粗略的概況。這種掌握是預測不久將來的第一步，也意味著我們的意識（心）已經從現狀往不久的將來移動了。訊息的收集基本上是透過人的五感，視覺．聽覺．嗅覺．味覺．觸覺來進行。雖說其中以視覺掌握的訊息量非常可觀，但除了本人意識到以及感到興趣的內容外，很多資訊都不會留在我們的記憶中。NLP追求的終極目標，確實是五感全都鍛鍊到非常敏銳的程度，但一開始還是以鍛鍊視覺為優先。

日常生活中可以做到的就是「睜大眼睛」。如果是從事服務業，可以透過顧客的身體姿勢、臉部表情、視線與嘴角的動作變化等，來讀取對方內在的樣貌（心理狀態）。「這位顧客到底想要什麼？」的方式做不久將來的預測。對於預測的結果，我們也盡可能地完成最好的對應方式後，再從顧客釋放的資訊中捕捉其反應。假設顧客的反應正如我們所預期，就代表這次的應對會很成功。但假使情況剛好相反，我們就得以下次的對應方式為前提重新進行預測了。只要能像這樣隨時睜大眼睛，你一定可以成為善體顧客之意的達人。

● 專欄 ●

以NLP訓練對話力

仔細觀察對方

一面進行對話一面觀察溝通對象，這在NLP當中被稱作「觀察度測」（calibration）。

所謂的觀察度測，即是將我們的五感進行總動員，投入全部的注意力觀察對方，從語言與非語言的兩部分接收訊息。在進行對話時，不是聽聽對方的發言就可以，「對方重視的是什麼？對方想對自己傳達的是什麼？」必須以這種心態聽出對方隱藏在語言後的信念才行。

為了進行觀察度測，首先必須仔細端詳溝通對象。除了注意對方的臉部表情外，還必須觀察他的視線、瞳孔開闔與動向、呼吸、姿勢，以及小動作等等。

只要觀察夠仔細，你就可以在對話時發現諸如「呼吸的節奏變了」、「皮膚開始泛紅」、「姿勢從隨意低著頭轉為抬頭挺胸」等身體的細微變化。

從這些地方，你可以判斷出對方的情緒是否正逐漸激昂起來，或是剛好相反，從緊張的狀態轉為輕鬆等等，這些心理狀態都是無法光從語言得知的。

利用觀察度測這種技巧，我們便可以掌握平日溝通時所容易忽略的微妙變化，並使我們的對話獲得更讓人滿意的結果。

您儘管吩咐我們任何事。
鞠躬……
「任何事」？究竟這個人到底會做什麼啊？
可以先請妳賞一張名片給我嗎？
冒汗
緊張
……
唉~
現實真是嚴苛
結局→
連名片也沒要到

Scene.14

打過招呼後就不知所措……

對話的目的

隸屬人力派遣公司的新田突然跑來拜訪某企業，由人事部門的真木小姐出面接洽。

新田是從今年春天才加入人力派遣業的新客戶開發部門。從今天起，他所屬的部門要展開一場收集名片的比賽。為了增加潛在客戶，他決定以隨機拜訪企業為策略。新田在上司也就是業務主任一句「好好幹」的鼓勵下，研擬並採行了一項高效率收集名片的計畫。接著，他來到真木工作的企業。

然而真木卻對新田的來訪抱以「這人看起來很認真，感覺也還不錯，但搞不清楚是來做什麼……」的困惑想法。

問題在這裡！

我們試著來看新田對話的問題點：

- 對話中沒有表明自己的目的。
- 對話幾乎沒有內容可言。
- 沒有連結至關於未來的具體事項。
- 關於「聽話者究竟聽到了什麼？」等，對對方的反應與態度毫無互動。
- 對話結果完全以自言自語告終。

那麼，該如何改善比較好呢？

改善重點

①對話不是光靠語言（也必須利用視線）

改善範例

在下是A公司的新田。今天突然打攪，在您百忙之中，想跟您解說一下敝公司的新服務內容。我們公司所提供的服務是其他公司所無法提供的，想必必能對貴公司有所助益，想要進一步為您說明，不知是否可以耽誤您五分鐘左右的時間？
重點有三項，分別是○○○、△△△，以及□□□。貴公司對這三大領域有什麼樣的看法？有沒有任何問題或是想改善之處？當中我特別想向您推薦的服務就是□□□。

簡單扼要地傳達自家公司與其他公司的差異

考量對方的反應

說出對溝通對象有幫助的內容

目標雙向溝通

簡潔地傳達對話內容

傳達出自家公司服務的熱情與衝勁

語言本身的意義雖然重要，但對話時還要用眼睛看著對方的樣子、反應，並進一步說出一些話做出適當回應。在對話中時時意識到這點，仔細觀察對方。

②保持主客觀的平衡（簡明扼要的說明＋熱情思考）

除了對溝通對象進行客觀的說明外，讓對方感受到自己站在對方的立場發言也很重要。此外，針對自家公司所提供的服務的想法等，則可用自己的感想（主觀）表達。對話時保持主客觀的平衡，是掌握對手心理的重要溝通訣竅。

●充分思考行動的目的

新田之所以會出師不利，所屬公司內部的溝通方式也有問題。

「只要在名片收集比賽中累積數百張名片，就可以大量增加有潛力的客戶，新進員工也能同時得到與客戶交涉的經驗」新田的業務主任認為這是一石二鳥的辦法。

但結果是，第一天的成績就非常不理想。然而，主任還是在部屬們回來後，對新田

等人說出「明天一定得好好加油！」之類的話。這對新田等的新進社員毫無任何激勵作用。

①目的為何

像新田這樣變成把拿到對方名片為目的，這樣的做法已經本末倒置，失去原來的目的性。

名片收集比賽的目的應該是透過收集名片取得各種有價值的資訊。舉例而言，從拜訪公司處聽取對方的問題，並趁下次訪問時提出適切的服務方案。或者是從某人的話中聽到有趣的資訊，覺得以後繼續與此人保持聯繫應該會很有用等等。只要能與客戶維持一定的來往，自然便能創造出下次合作的可能。

②以自己的方式思考目的

上司的對話重點應該放在要讓部屬自己思考「這項行動的目

的」上。當部門全體同仁一起討論時，收集名片比賽對業務工作產生的價值自然便能浮現。

倘若能一面收集名片，一面聽取客戶的需求（價值），並試圖建議自家公司可提供的服務與商品（價值），一定能藉由這項活動發掘出新的客戶吧。

第4章

改變對話就能改變心情！

讓人精神抖擻的對話

一直想不出好主意而苦惱的古谷……

Scene.15

嶄新的點子如何誕生？

打破框架！

負責企劃工作的古谷被指派為新企劃案的負責人，必須架構出一項前所未有的嶄新商業計畫。他日夜絞盡腦汁思考，但卻一直被過去的案例所束縛，無法提出打破僵局的好點子。部長看過之後，還是得到了「內容不夠新穎」與「缺乏原創性」等評價，被打了回票。

如果要想出一個未曾有人提出過的好創意，或是必須打破過去的框架找出新的企劃方向，究竟該如何著手進行呢？

嶄新的想法究竟在哪？

●該如何發掘出前所未有的新點子？

我們如果以慣有的思考方式行動時，就好像在同一個房間裡來來回回、原地打轉一樣。這個房間是我們再熟悉不過的地方，充滿了我們過去所獲得的資訊。只要繼續待在這個房間內，我們就只能透過固有的資訊以及固有的模式思考。

至於嶄新的想法或是對將來未曾有過的觀點，在這個大箱子裡永遠找不到。如果想要發掘新的點子，就得離開這個地方，到房間以外之處去尋找才可以。

提示① 嘗試以前未使用過的不同思考法

古谷平常在想新點子的時候，都會先「埋頭苦思」，當怎麼想都沒有好點子出現時，就會開始「觀察」。例如到工作現場繞一圈，或是想像一個月以後的工作內容等等。倘若這樣還是沒有效，他就會展開「行動」。

因此，當他無法想出任何嶄新的好點子時，不如改變上述這種順序。習慣開始就「埋頭苦思」的人，不妨先什麼也不想，直接踏出一、兩步試試看。這麼一來，便能改變目前的狀況，或許還會因此發現全新的風景或創意也說不定。

提示② 利用舉例

當工作需要新點子而絞盡腦汁、搜尋解決之道，卻無法順心如意時，將全部的注意力集中在那件事上，對思考過程雖然很重要，但另一方面，這種心態也會剝奪我們思考的靈活度。這就好像是在同一個房間不停打轉的狀態一樣。既然如此，何不乾脆走出房間試試？將腦袋從工作模式暫時切換至其他模式。舉例來說，想一些關於你的興趣或家庭，以便轉移頭腦的注意力。這麼一來，我們就有可能從不停在原地打轉的狀態找出新的思考方向。其他有效的方法還包括「舉例」，或者也可稱作比喻或暗喻（metaphor）。利用舉例的方式，能解放被禁錮在想不出好點子狀態的腦袋，順利切換至其他模式，找出嶄新的發想。

●想不出好點子的古谷與真木討論

真木了解了古谷的現狀，並說了一個關於藏寶圖的比喻故事。她說，無法找出嶄新點子的窘境，就好比破損一半的藏寶圖一樣。這個時候，可以試著在腦中想像另外一半地圖是什麼樣子會很有效果。以黑筆畫在淡棕色紙上的島嶼地圖……就類似這種感覺。接著，她試著問古谷，倘若這時找到了

怎麼了？你好像很苦惱。
這回又在想什麼企劃案了？
這個！
但我一點想法都沒有。

原來如此。你想了很多，但卻想不出好的點子。
這就像少了半邊的藏寶圖，無法抵達寶山。假使真的發現寶物了，你會有什麼感覺？
找到寶藏的話，當然會很高興囉!!
那麼，假設你現在負責的案子出現了嶄新的想法，你會有什麼感覺？
應該會跑到頂樓大喊「哇，太棒了！」
那麼，你何不現在就先去喊呢？
哇——!!
真的去做了！

寶物會有什麼感覺，並為了讓古谷能實際體驗那種感覺而請他爬上頂樓。在這種情況下，古谷的腦袋便能從現在全神貫注的「工作模式」切換為「尋寶模式」，而得到獲得暫時喘息的機會。

藉由實際體驗比喻故事的行動，古谷便可從目前這種停滯不前的狀況下將心推往另一個方向，並產生一種似乎發現了什麼的成就感。等心情放鬆後，他自然能察覺原本困住自己的「那個房間」，其實是開了扇門與窗，並且大可從那些管道離開原地。利用這種方式，古谷便能想到嶄新的點子了。

從相關性來思考！

或許你會覺得，利用比喻故事體驗成就感，並在其中

發現與工作所需的創意會相連結，是一件很不可思議的事。但其實從「發現」，也就是透過相關性（＝為了認知某件事物所需的背景）的角度來看，兩者原理是完全相同的。暫時離開眼前的內容，利用事物的相關性進行思考，自然能提升創意之泉的深度。人類的大腦組織結構其實還存在著許多有趣的奧秘。

透過比喻故事來充分體驗成就感，並藉此套用在當下苦惱的課題上，新的想法便會就此誕生。其實，這就是NLP中的「換框」（reframe）法。比起關切的主題本身，NLP更著重於問題的相關性，因為那裡隱含著許多解決問題、創造未來價值的方法。就像是哆啦A夢的四次元口袋一樣！

今年夏天希望你帶我出去玩！
像去年那樣只有去游泳池游泳，小朋友們也太可憐了！
不～我可能空不出時間啊！
你每次都是這樣！這麼一來根本沒辦法安排假期嘛！
喂喂！
山中！
你的計畫每次都無法執行！
震驚!!!
哇！妳說的話跟我們部長一模一樣！

Scene.16

前景看好的對話與前途茫茫的對話

以建設性的想法擘劃

山中下班回家，吃完晚餐後與妻子聊天。妻子建議趁孩子放暑假全家出去旅行。山中自己雖然工作忙碌，但也希望能騰出時間與家人出遊，享受一下家庭生活。然而，山中這個人非常不擅長訂定計畫。

一提到訂定計畫就會顯得不耐煩的山中，這時候總會說出「我很忙，空不出時間」、「依現在的狀況恐怕很難辦到」……等口頭禪。因為聽過太多次相同的藉口，妻子與上司都忍不住動了氣。

問題在這裡！

●你是屬於哪一種型？

請你試著默念左邊的Ａ與Ｂ兩類句子，分別出現哪兩種不同的感受呢？

Ａ類的詞句佔據心中後，會給人一種閉塞與停滯感，使人寸步難行，甚至不自覺目光往下、左右搖頭，在不知不覺間雙臂交叉起來了呢？

另一方面，Ｂ類的句子光是看一眼就覺得很清爽，讓人感到奮發向上、抬頭挺胸，不自覺地目光

A
「辦不到」
「不行」
「很難」
「做得不是很好」

B
「辦得到」
「可以」
「很簡單」
「做得很好」

朝上。你所得到的感覺是否正如前所述？

●改變話語就能改變心情

日常生活中我們經常會無意識地將話語說出口，然而其實話語本身對我們的心靈與身體也會造成影響。此外，不管那種影響是大是小，都會在長久累積下成為我們的經驗。

A類的話語會同時限制說話者與聽話者的行動，抑制雙方向未來推進的速度。相反地，B類的話語則會讓人朝氣蓬勃，也會促使雙方的意識轉向充滿希望的未來。

如果你無意間使用了A類的話語，不妨在之後以下列的方式自問。這麼一來，或許就能將停滯與封閉的意識導向正向、積極面。

「似乎很難辦到」→「要怎麼做才能辦到呢？」

「不～是不行的」→「那麼，怎麼做才會變好呢？」

「～太難了」→「要怎麼做才會變容易呢？」

「～做得不是很好」→「要做得好該怎麼做呢？」

改善重點

●訂定計畫時的六個重點

這裡要介紹訂定計畫時的重點，分別為以下六項。為了要空出旅遊的假期，山中也照著這種方式進行思考。

①放大對未來的想像

充分自由地想像自己未來會出現什麼樣的結果。在這個步驟下，暫時先不要考慮「可行」或「不可行」的問題，試著把它化為語言。接著，想像幾個可以確認計畫順利進行的場景。

①
如果我能安排休假，可以帶孩子去看山、看海，在大自然裡盡情倘佯。老婆也能暫時擺脱家務，享受好久不曾有過的輕鬆時光。自己更可以趁這個機會好好充電一番。

②設想對周遭的影響

計畫實行之後，會對周遭的人產生哪些影響？正面或是負面的影響都可以設想。

③試著想像實行計畫後的情況

想像計畫實行後取得成果的光景。多數時候都可預見下一階段的更大計劃與目標。於是我們通常會發現這次的計畫會是抵達下個目標的過程。

④考量可能會出現的障礙

要檢討在執行計畫時有形成障礙的因素。如果有的話，要提早準備各個的應變之道。

⑤收集必要的資源（resource）

按照①～④的步驟，尋找推動計畫時所必要的資源（事業的話，就包括所需的

②
如果把目前手頭上的工作暫時請他人代理，便能比平常更有機會確認彼此的工作狀態，部門的氣氛搞不好也會改變。不過比起這件事，其他同事搞不好也很想休個假啊！

③
如果可以全家人去旅行，度過一個愉快的夏天……等到孩子長大了，這個夏天一定會變成他們難忘的回憶。

人才、物資、資金等，還有他人的理解、贊同、協助）。有時候收集資源也是計畫中的行動之一。

⑥思考第一步

思考幾種開始實行計畫的具體第一步。

未來會發生什麼事沒有人知道。但是如果嘴邊老是掛著「如果不成功該怎麼辦」或「太難了」的話，一定會讓自己猶豫不決、遲遲不能往前跨一步。

像這種時候，如果以「假如辦得到會如何？」的方式自問，並試著想像未來的場景，轉換一下想法。

利用這種方法得到的提示，可以幫助我們的計畫推動得更為順利。請你務必要參考

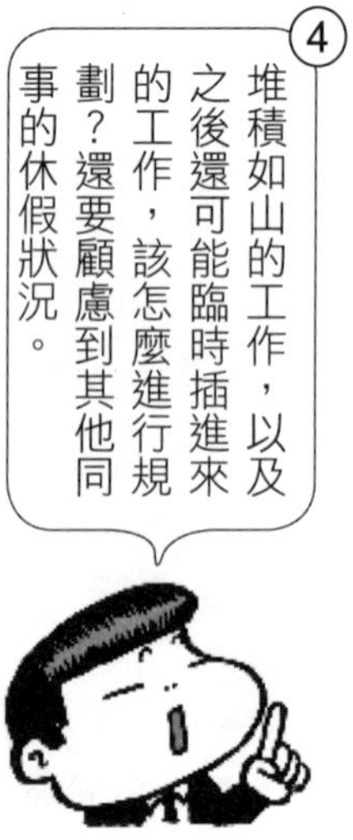
4
堆積如山的工作，以及之後還可能臨時插進來的工作，該怎麼進行規劃？還要顧慮到其他同事的休假狀況。

5
討論部門同仁的休假順序、約定好相互代理工作、彼此支援也是必要的方式。當然，取得上司的理解也是先決條件之一。

6
比起在一大早的會議中提出，或許利用午餐時間邊吃邊談會比較好。

上述六項重點，並把它運用在職場與休閒生活的計畫中。

會議早就開始囉！
對不起～大家不要這麼生氣嘛……
說這個好像不太好……
咕隆隆隆隆隆
糟糕～重要的商務約會快遲到了……
算了，遲到一下應該不要緊吧！
震驚!!
真抱歉，每次都讓您久等了！
啊!?
這傢伙又遲到了……
老實說，那件案子我們已決定採取B公司的提案……

Scene.17

容易重蹈覆轍與絕不貳過的人

將失敗化為轉機

在會議或是與人約定好要碰面的約會，堀田每次都會遲到個兩、三分鐘。堀田本人也很清楚自己這個毛病，但在心中總抱持著「遲到一下子應該無妨」的僥倖念頭。同樣遲到的問題一再重複，最後終於影響到重要的工作。

堀田為何會老是重複遲到這種失敗的過錯呢？容易重蹈覆轍與絕不貳過的人、總是失敗與經常成功的人，他們之間究竟有什麼不同？

●成功的人不會讓失敗變成單純的失敗

在職場上，獲得工作成果是一件很重要的事。因為那是能達成自己與周遭人期待的結果。至於失敗，換句話說則是指所達成的結果比期望中要來得差。因此，不斷重複失敗的人，或許可視為是一種不擅長設定期待的人。

真正的成功者可以在好幾次的嘗試後得到預期中的結果。然而，即便是成功者也有遭遇失敗的時候，但他們不會讓失敗以單純的失敗告終，也不會對原先無法達成的期待置之不理。他們會從失敗中學習並加以改善，再度建立起新的期待。

至於會重蹈覆轍的人，他們無法從失敗中獲得到任何教訓，而且還會無意識地在心中給自己打上「×」號。老是遲到個兩、三分鐘的堀田就是這類人。在很多時候，這種人的參與感與責任感都明顯不足。

●絕不重蹈覆轍的人會……

那些不會重蹈覆轍的人，一旦遭遇了失敗，一定會在心中檢討下次避免犯錯的策略。舉例來說，他們在得到失敗的結果時，通常會以如下的方式自問。

「如果下次要成功該怎麼做？」

「從這次的失敗中學到了什麼……？」

這麼一來，失敗就不會只以單純的失敗告終，而會變成一種學習的機會。

舉例來說，某人曾不小心搞錯了與客戶碰面的時間，為了避免重蹈覆轍，他改善了管理行程表的方式。

例如，在前一天務必要檢查翌日的行程，或是有重要的會議要參加時，得事前寄出確認用的電子郵件等等。這麼一來，他就很難再犯搞錯見面時間的這種錯誤了。當然，客戶對他的信賴感也會提升。

即使這麼做需花不少時間，不會重蹈覆轍的人，仍然會利用「反省＋檢討對策」，從過去的經驗中找出實行未來計畫的方法。

反省。

思考「下一次該怎麼做」

○新的行動

利用電腦管理行程表

●將失敗化為轉機的人會……

那麼，該如何讓失敗不以單純的失敗收場，而能變成一種轉機呢？

某位業務員訂定了為期四季的業績目標，為了達成（＝成功）又更細分為每週的業績目標與行動計畫。

這一季的每週業績目標設定為一百五十萬元，結果在每週的業務會議報告提出。雖然如此，也不能保證每週都能達成目標，總有因為某週無法達成目標而遺憾、失落的時候。

然而，她並不會對這種失敗耿耿於懷，反而以此結果為基礎重新分析顧客的需求，並進一步進行新顧客的資訊收集，巧妙地調整之後的行動計畫與目標設定。

這位業務員這麼說。

「只要在描繪出達成目標的具體方法與手段前，先進行必要的準備與資訊的收集，那自己就能很有信心地說出『這樣的話一定可以達成一百五十萬』的保證了。」

某位公司經營者也說。

「訂定目標後，如果在期限前都無法達成，不要只顧著沉浸在失敗與悔恨中，應該藉這次機會重新確認（或修正）目標。沒有達到目標時，不妨心想『怎麼能就此放棄呢？這可是我重新訂定目標的大好機會』。」

這位創業家已將公司營業額提升至每年兩百億日圓以上，甚至連股票也上市了。但他依舊如此謙虛地對表示。

●不要把自己打上「×」號

在NLP的基本前提中有一句話——「這並非失敗，而是學習的機會」。如果我們將某件事定義為「失敗」甚至就此置之不理，那麼最後就連自己（identity）也會被打上「×」的印記。

堀田口中常掛著，或是心裡常想的「說這個好像不太好……」、「算了，也罷」、「遲到一下而已」等話語，其實背後就隱藏著對自己輕蔑、貶低自我價值、輕忽狀況，以及人際關係疏於建立等諸多事實。

至於能將失敗轉化為學習機會的人，則不會隨意將「×」號打在自己身上，而是努

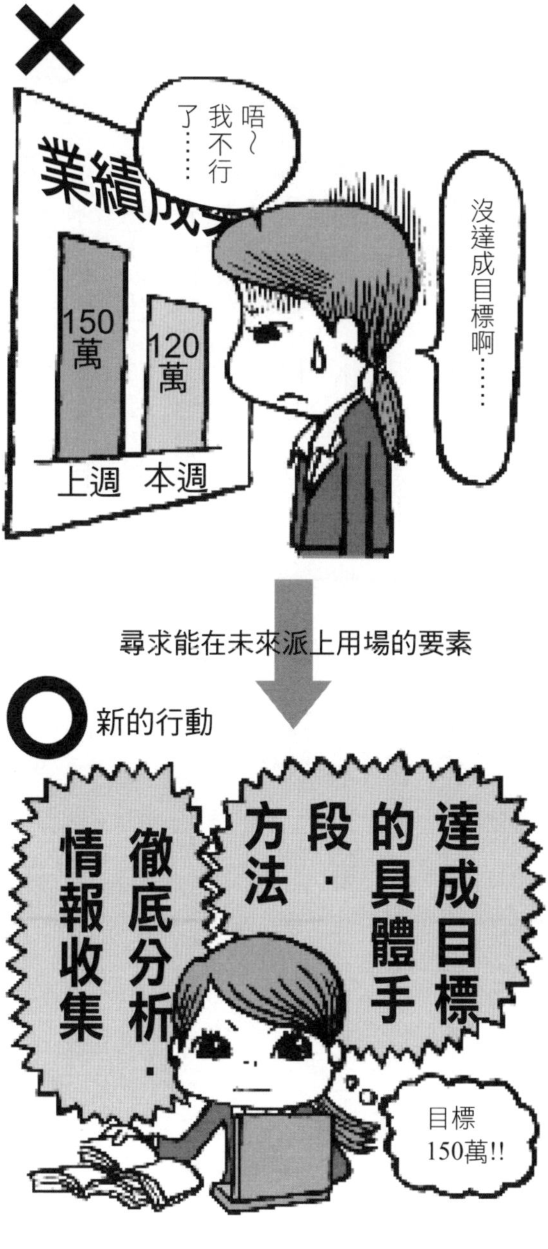
業績成
150萬
120萬
上週 本週
唔～我不行了……
沒達成目標啊……
尋求能在未來派上用場的要素
新的行動
達成目標的具體手段・方法
徹底分析・情報收集
目標150萬!!

力以「○」的方式思考，並採取新的行動，甚至不斷對新的行動進行修正。而假使這麼做，依然無法符合預期時，這些人會以如下的方式自問。

「自己真正想達成的目的是什麼？」

「假使未來有相同的機會，自己會想怎麼做？」

「自己希望下次出現何種結果？」

這些提問有助於我們了解自己究竟對目標究竟有多認真。這種時候不需要追究「為什麼會失敗？」尋找原因，反而應該要以「目標是不是太模糊了？」、「自己想成功的心情有多強烈？」來強化信心。

日子每天都不一樣，市場與個人興趣也無時無刻不在改變。某些乍看之下像是失敗的結果，或許也能誕生出嶄新的未來，甚至創造出更豐富的成功果實。只要我們能發揮與生俱來的學習能力，「失敗」可以說是提醒我們在設定目標時應該可以採取其他手段的一種訊息。

每天忙於工作的諸位，把各自的夢想串連起來，
讓我們一起認真努力，發揮創意為公司的發展貢獻心力。
夢想是什麼……
夢想喔～
不過就是一場夢罷了～

Scene.18

能實現夢想與不能實現夢想的人

邁向願景・遠大目標的力量

在社長新年談話中，社長希望即便是在景氣低迷時，社員依舊能滿懷著夢想工作。「讓我們把各自的夢想串連起來……」只見社長熱情地激勵全體員工。

然而，已經進入公司第二年的宮本，聽了之後卻不知不覺地低下頭、喃喃說了句「夢想是什麼」。在公司屬於中生代的野口也以「夢想喔，不過就是一場夢罷了」潑起了冷水。這兩人似乎都沒有因「夢想」這個詞被激發出多大的衝勁。

所謂的夢想，應包括自己選擇這份工作的理由以及對於工作的願景等等，長期的遠大目標與人生目的。

「透過目前的工作，你想達成的夢想是什麼？」如果被這麼詢問，你將如何回答呢？

●無法實現夢想者所使用的話語

舉例來說，就像是「～辦不到」、「～不好」、「～不適合我」、「～不可能」等等的語句。

經常說出上述語句的人通常都會接著說「所以我不想做」的放棄性話語。另外，諸如說出「我已經放棄我的夢想了」或「夢想不過就是一場夢罷了，和現實不同」等也很常聽到。像這種時候，人們通常會陷入寸步難行、一籌莫展，或是在原地踏步的狀態。因此，「我不想做」其實就代表了放棄。

我們在日常生活中，經常會不加思索地使用「～辦不到」、「～不好」、「～不適合我」、「～不可能」等語言。

令人訝異的是，我們原本所懷抱的希望與夢想，其實也會在這種放棄的態度下，半自動地被我們擊破、瓦解。

請你回顧你的日常工作內容。當缺乏自信、想要跳過去，或是祈禱能有別人來代勞的工作時，是不是自己會在內心出現諸如「～辦不到」、「～不好」、「～不適合我」、「～不可能」等想法呢？

●實現夢想者所使用的話語

相反地，當你的工作進度順利推展時，你腦中又會出現哪些話語？諸如「這種工作輕而易舉」、「很有達成的價值」、「這份工作非常適合我」等等，上述那些話很自然地就會將你的意識帶向光明璀璨的未來。

一位活躍在美國職棒大聯盟的日本選手說「我從不放棄」、「我只是持續對～努力罷了」。曾列全世界首富的某位創業家也說過「我不會滿足於昨日的自己，追尋變化對我來說是最重要的」。至於另外一位身兼創業家與冒險家的英國人也留下了「人生就是冒險＝挑戰」這樣的名言。

使用上述這些話語的人，之後勢必會產生「所以（我）一定能達成～」這樣宣示行動決心的話語。

對從未有人嘗試過的工作率先進行挑戰，即便知道要完成很困難，但還是決定要直接面對時，你的心中一定會出現類似「雖然不知道結果如何，但還是先試了再說」或「我會努力到成功為止」等，用來激勵自己的話語。

能實現夢想的人通常都會超脫「辦得到」或「辦不到」的問題，只專注於自己「想達成〇〇」的理想上，並不斷努力到成功為止，絕不輕言放棄。所謂的夢想，其實就是讓自己意識未來的一種原動力。

●造夢的方法

對你而言，最容易發揮創造力的情境為何？是一個人在外出散步的時候？還是在浴室洗澡的時候？或是午休、搭電車途中發呆的片刻？只要找出一天當中你腦袋最清楚以及最容易冒出點子的時候，就可以利用那些場所與時間來好好想像未來的夢想了。不妨試著想像未來的景像，並以如下的方式自問。

「藉由目前的工作，自己想創造出什麼？」

「今年一整年的遠大目標為何？」

「十年後希望自己是什麼樣子？」

因為這些問題都與自己息息相關，所以希望你能認真地思考。而且不是只問一、兩次就夠了，在找到答案之前都要不停地問。假使在思考當時，腦中出現「辦不到」或「不可能」之類的話語，也不要就此止步，應該要以「假使辦到了會怎麼樣～」的方式繼續提問下去。這麼一來，你所說出口的內容與想像就會逐漸清晰，最後變得越來越具體。

把夢想變成更具體的事物，是不可或缺的。舉例來說，我們可以把夢想變成一幅「畫」，把夢想變成一句「話」。利用畫圖或寫文章的方式使夢想逐步具體化。此外，還可以將夢想傳達給周遭可信賴的親友。這個時候，順便問問對方的夢想會更有效果。上述方法可說是實現夢想的第一步，就好像是在跟自己的未來對話一樣。等到你已經順利實現自我的夢想時，下次不妨也問問同事與部屬有什麼樣的夢想。即便對方回以「我早就沒有夢想那種東西了」，不也正代表對方曾經有過嗎？這麼一來，想要再度創造夢想也不是不可能的事。

假使你覺得你快要放棄夢想了，不妨試著回想代表你夢想的「畫」或「話語」，並以有意識地展開行動。即使面對旁人的批判或眾人的反對，那些「畫」或「話語」也能讓你獲得相信自己並繼續前進的動力。不妨試著想像只要再努力一下，就能實現夢想的那個光景。

● 專欄 ●

以NLP訓練對話力

NLP的技巧

NLP有個技巧可將人的意識變化，依據不同的語言與表達方式，作詳細的區分。只要善用這種技巧培養自己的觀察力，自然就能提高收集資訊的能力。我們將未來希望達成的狀態稱之為目的（outcome），而且只要能用自己的話說出自己想達成的目的，我們就會自然為了實現它而不惜做任何的努力。

不只是說出來，如果能加上想像與圖畫，把顏色與形狀都放進去，就是提升目的實現可能性。因為圖像化的目的有超出語言所能理解的幾萬倍資訊存在。

另一方面，事先得知那些語言會讓我們放棄目的（outcome）後，我們就不會再使用那些語言＝無法產生負面影響。這麼一來，當然有助於我們達成目的。此外，假使除了影像與語言外，我們還能區分出身體感覺的影響並透過這種方式傳達，想要實現夢想就會變得更簡單了。為了達到那樣的境界，進行體驗式的學習將會非常有效。

要不要再度向夢想挑戰呢？

你的夢想是……？

第5章

能有效管理你的心，使你保持輕鬆愉快的對話

與煩躁及壓力和平共處！

技術部
水野
社長秘書
淺井
我們公司的系統為什麼沒有○○呢？
嚇!!
……呃，那是因為，
老實說，是由於這樣這樣、那樣那樣、如此這般，或許就可以……
手足無措
我不是問你系統的操作方法啦！
我想問你的是……
那根本就不是我的錯啊！
這傢伙幹嘛沒事找碴！

Scene.19

話不投機時會產生何種壓力？

確認對話的目的

社長秘書淺井為了檢視全公司的系統，在公司內四處巡查。當她來到技術部門時，便提出了「我們公司的系統為什麼沒有〇〇呢？」的疑問。突然被這麼質問的水野，便開始說明關於該系統的構造。沒有得到預期解答的淺井內心感到焦躁了起來，而水野也覺得對方似乎在譴責自己，所以急忙不斷地為自己辯白。

在這次對話中，雙方都覺得「被這樣的人搞得精疲力盡」，因而產生了非常大的心理壓力。

●到底發生了什麼事？——追蹤反應 〈現狀分析〉

在上一頁的例子當中，溝通的結果是讓兩人都感到壓力沉重。在這次的對話當中究竟發生了什麼事？我們依序從雙方的反應來進行追蹤應可找出端倪。

秘書課的淺井在獲得社長命令後，立刻衝入技術部，對負責此項職務的水野拋出一連串的質疑。

水野由於突然被點名而感到不知該如何是好，覺得自己好像是受到了什麼不白之冤。

大失所望

淺井感到很失望（反應）。因為對方將話題扯到別處去，她得不到預期的答案。而且對方所說出的，就她聽來都是些不相干的對話。

憤慨

水野認為自己已經很努力跟對方解釋了，因此對淺井的態度感到相當忿忿不平（反應）。

壓力

結果讓兩人都感到壓力沉重。

■期待與不安

我們在提出問題時總是期待對方能有答案。此外，在這種情況下，也有很多人預期對方會說出自己預先設想的回答。然而，當結果與自己的期待產生差異，也就是對方的反應完全出乎意料時，我們就容易陷入失望、混亂與不安的狀態。

相對地，當人們在毫無預警的情況下突然被他人提問時，從被質疑者的角度來看，這也同樣是一個不符合自己期待的結果。因此，不安與混亂自然也會因而產生。

在這個例子當中，淺井一時被工作熱忱給沖昏了頭。像這種興致勃勃的人，往往也會期待對方能像自己這樣滿懷熱情地解決問題。

當然，水野的一貫反應方式也有其可議之處。

那麼，為了滿足對方的期待又要避免造成心理壓力，究竟該怎麼做才好呢？首先必須讓雙方的對話目的取得共識。意即，在對話的一開始，就得讓彼此理解這次對話所代表的意義或價值，以及能帶來何種幫助等等。

●該怎麼做才好呢？新的對話模式①

〈提案方的改善之道〉

興致勃勃的淺井充滿工作熱忱，雖然說這樣的態度並沒有什麼不對，但在對話一開始還是必須先讓水野理解自己過來找他的原因。當她心中已有期待能得到的答案時，這麼做更是不可或缺的。在這種時候，她必須先對水野說明自己提出質問的背景及目的。

由於社長指派我檢視公司的系統，所以我想確認目前公司系統具備哪些功能，麻煩請告訴我。

只要在一開始就將提出質疑的目的說清楚，被質疑的那一方自然也就不會做不必要的聯想，更不會認為對方是故意來找自己麻煩、譴責自己失職了。

有些功能雖然存在，但目前並沒有被使用到。這點我會通知公司內部相關人員。
謝謝！

●該怎麼做才好？新的對話模式②〈接受方的改善之道〉

認為工作流程很重要的水野，最不擅長處理突然被不速之客打擾並提出質疑等非預定工作事項了。此外，由於他平日總是處於「系統哪裡又出問題被要求趕快解決」的立場，所以在這個時候很自然地就會採取以解釋或辯駁的方式應對。而負責技術部門的水野，其反應模式可說是這類職種的典型。由於他們長年以專門技術者的身分負責解決問題，很習慣將一切質疑都當作疑難雜症看待。因此，為了排除這次對話中的可能障礙，必須以下列的明確順序努力解決。

■首先從確認對方是否真的有問題開始或許比較好。

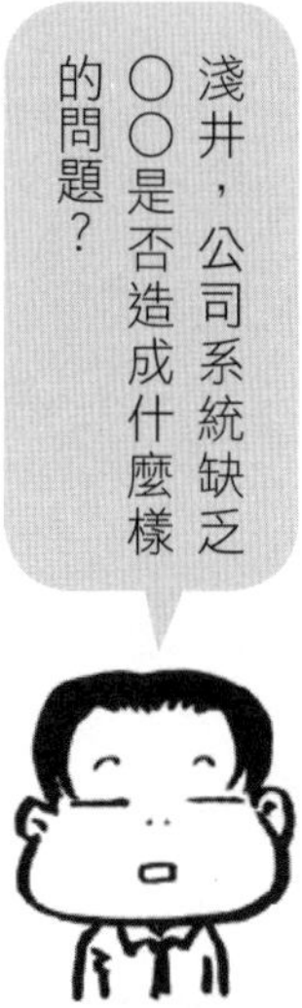
淺井，公司系統缺乏○○是否造成什麼樣的問題？

■接著，詢問對方想得到什麼樣的結果也很有效。

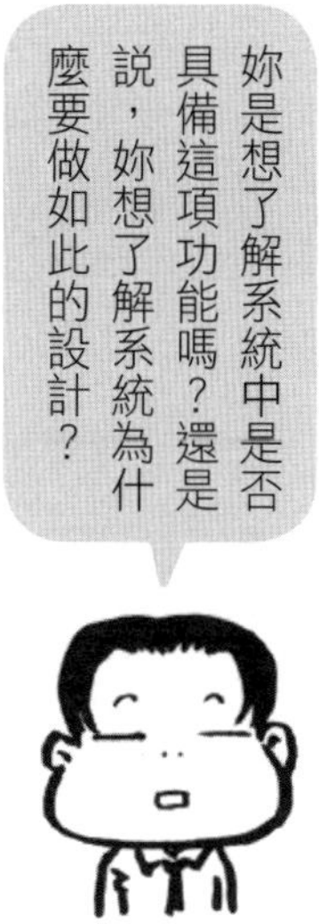
妳是想了解系統中是否具備這項功能嗎？還是說，妳想了解系統為什麼要做如此的設計？

■重點在釐清對方想問的是否屬於自己的職責或專業領域。

根據提問的目的不同，我想確定一下是否必須請這方面的專家來協助解決，或是可以就我所知的範圍來回答。

■這麼一來，針對質問的目的與想要得到的解答，淺井與水野便能取得共識了。

事實上，因為有客戶提到系統是否具備某些功能的問題，所以社長認為是該思考接下來公司系統發展概要了。所以我想了解一下關於公司系統功能的詳細情況。

● 專欄 ●

以 NLP 訓練對話力

舒緩壓力的秘訣

在很多時候壓力都是因人際關係而起。為了締造良好的人際關係，溝通是一項絕對少不了的利器。

對話幾乎都有其目的，而我們在進行對話時，也通常是針對該目的不時主動發言或提出問題。假使溝通對象沒有做出我們期待的反應或解答，我們就會感到越來越焦躁，甚至會降低與對方繼續溝通的意願。當上述情況重複發生後，壓力自然而然就會累積。

說話者的期待與聽話者的反應之所以存在代溝，原因在於雙方的溝通沒有交集。在這個時候，對話的重點並不在於追著對手的發言內容窮追猛打，而是先以「這個人是為了什麼才找自己說話」的心態，試圖讓雙方產生對溝通目的的相同興趣，再繼續嘗試對話。

對方與自己對話的目的為何？是為了得到解答或指示？還是想交換意見？或者只是單純地要找個聽眾發洩一下……。

像這樣在對話中巧妙改變自己的聆聽與處理方式，一定可以從對方的發言與反應中察覺到細微的差異。這麼一來，雙方或許就能進行更深一層的溝通。

在對話當中，除了要明確掌握對方的溝通目的外，偶爾也要向對方提示自己的目的。只要彼此的目的相通，多餘的憂慮與客套也會消弭於無形，溝通不良的機率更會因而大幅降低。待雙方建立起更能相互理解的關係後，壓力自然就能獲得舒緩。

向公司請假的藤田躲在棉被裡……

我沒看到四月跳槽過來的藤田，她怎麼了嗎？
她身體不舒服，請假了。
啊～
她最近好像常請病假……
每到星期一我就會發燒，我是哪裡有毛病啊？
咳～
呼～
是因為想偷懶嗎？
呼～
真不想去公司啊～
換工作已經半年了，工作還沒辦法上手。
雖然不知道為什麼，但總覺得好後悔～
大家都不認同我，
大家都不理解我！
啊啊，我的頭快要爆炸了～

Scene.20

壓力所傳達的訊息

內在對話

跳槽過來已經半年的藤田，因為發燒之故從星期一就開始請病假。來到新公司後由於一直無法進入狀況，所以讓她感到十分焦慮。在這種情況下導致身體經常感到不適。

她躲在棉被裡終於忍不住自責了起來。「我一定是想偷懶」、「真不想去公司」、「明明很努力卻得不到他人認同」……

哎呀，藤田的「內在對話」總是充滿了否定的表達方式與內容。是否有能巧妙利用「內在對話」，反轉現狀解除壓力的方法嗎？

●自己對自己發出的訊息

進行內在對話並不需要任何特殊能力。當一個人獨自胡思亂想，或是不知道該怎麼做的時候，很容易就會在腦中進行不發出聲音的自我對話。這種狀態即所謂的內在對話。

你應該有過頭疼的經驗吧？當我們感覺到頭不舒服時，就會在內心說出「頭好痛」、「頭痛死了」、「一陣一陣刺刺的」等內在對話，而這通常都是發生在一瞬間的事。以結果而論，有人會去吃兩片止痛藥了事，有些人則會說出「現在不是抱怨頭痛的時候」來激勵自己。但大多數的人都不會察覺到自己剛才所進行過的內在對話。

如果我們能對這種內在對話多留意，或許就可以發現更多的事了。

舉例來說，當我們出現「頭痛，今天向公司請假吧，這麼一來就不必碰到那個討厭的上司了」等內在對話時，就等於在對自己傳達「休假＝快樂」的訊息。至於「昨晚應該早點睡覺才對，這樣對身體不好」等內在對話，除了提醒自己必須做好健康管理外，也同時是責備自己的話語。而「這只不過是你想偷懶」等等的內在對話，雖然是為了激勵自己振作所發出的聲音，但也同時有自責的意味。「被操到這麼疲憊，已經很努力了不是嗎」，又反而變成是一種肯定自己的內在對話。

上述這些都是我們在無意識中對自我發出的訊息，也是我們日常生活習慣使用的思考方式與反應模式。儘管內在對話本身並沒有對錯可言，但如果能針對特定的目的精準

這一定是錯覺。
現在沒空頭疼了，我忙得要命。
不讓身體休息一下不行。
還是找醫生打個針吧！

地使用它，就能協助我們輕鬆迅速地達成想要的結果，並順利解決問題。

●健康是生產效率的基礎

生病的時候，大多數的人都會希望病症消失，恢復沒有絲毫不適的狀態吧！因為症狀也算是一種會讓人產生不快的感覺，所以大多數的人都會不願意承認。在症狀輕微時，我們通常會說出「這一定是錯覺」、「現在沒空不舒服，我忙得要命」之類的內在對話，試圖消除身心的異常感受。然而當症狀變得嚴重時，我們又會在內心發出「不休息不行」、「還是去看個醫生，打個針吧」等等訊息，依據身體症狀採取應對的措施，展開具體的行動。

不過，當壓力的症狀出現的時候，看醫生或打針也只能治標而無法治本。心理與身體遲早都因同樣的理由再度發出抗議。近年來，各企業因精神疲勞、過勞而引發心病的例子可以說是屢見不鮮。

企業團隊的力量必須靠所有共同工作的成員各自發揮所長才能展現。至於這種生產效率的基礎，自然就是健康了。少了健康就談不上其他的。

此外，負責管理部屬的管理階層也必須妥善照顧部屬的健康狀態，這是提高部門生產力的基本要件。

●進行身體與心靈的溝通

因壓力關係而讓身心發出哀鳴前，請多加留意內在對話，以便與自己的身心進行溝通，這可以說是一種非常重要的預防措施。

就算再忙，每天也必須花二至三分鐘的時間，留意一下自己身體所發出的訊息。包括影像、聲音，或是各種感覺在內。試著與自己的身體直接進行溝通吧！針對這種與健康相關的內在對話，必須全神貫注地加以聆聽才可以。

當我們出現某些症狀，尤其是在初期時，必須花更多時間在這上面。首先請你從深呼吸開始，然後緩緩地吐出氣，並在吐完後很自然地吸氣，讓呼吸節奏平緩下來。等到肺部飽滿再也裝不下空氣時，就回到一開始慢慢吐氣的步驟。

待呼吸調勻後，再將你的注意力放在出現症狀的身體部位上。不過就算症狀是發生在頭部，或許專注部位在腳底或背上都無所謂。等到確定造成症狀的部位時，再試著想像那個部位的情況。
　　那個身體部位是什麼形狀？其顏色如何？大小、重量、溫度如何？能聽到什麼聲音嗎？看著它有什麼樣的感覺？那個部位正對自己傳達出什麼樣的訊息？只要像上述那樣與自己的症狀進行對話，你就會對自己的身體與該部位謹慎小心，而不敢有絲毫的怠忽。
　　回到一開始所舉藤田的例子，出現的是如下圖的溝通情況。
　　此外，這種方式也可以用在組織或公司內部與同仁們相互確認健康狀態的場合。
　　首先就從健康指標（barometer）開始吧！
　　仔細觀察或詢問，找出一個可以確定「啊，我們的工作團隊處於進展順利、健康狀

態」的基準。

舉例來說，不管是同仁一進公司說「早安」的情形，或是新庄對田中所說的冷笑話的反應，周遭的人是否會跟著哄堂大笑等等。

假使某天早上突然聽不到藤田的招呼聲，或許就代表她的健康狀態出現什麼變化。站在長期經營的立場來說，這可能是整個團隊將出現什麼問題的前兆也說不定。

藤田最近的工作狀況如何？
她非常努力。我這陣子發現她老是加班，還提醒她要多注意一下自己的身體。
大家都是同事，或許有什麼可以協助她的方法？

在走出車站階梯時對前面的人感到不耐……

Scene.21

消除煩躁的自我管理術

情緒都是自己製造出來的

在爬擁擠的車站階梯時，前方那個拿著大皮包、拖著雨傘的男子，總是把傘抵在我要跨步的位置上，讓我感到煩躁。男子這時竟冷不防地停下腳步，害我差點就撞了上去，但他卻絲毫沒有察覺我的存在。在這種尖峰時刻，就算我想要超過他也很困難。我的情緒也因此瀕臨爆發狀態……

因為某些小事而火冒三丈。人的情緒總是會因種種原因而出現反應，甚至因此累積壓力，情緒不斷累積。要解除這種煩躁狀態，究竟有沒有什麼好方法？

●以客觀角度進行分析

當察覺到「自己越來越煩躁」時，請立刻問問自己以下的問題。當然，在這之前更別忘了先深呼吸！

「現在所面臨的事，它的事實為何？」
「眼前究竟發生了什麼事？」

就好像記者在採訪人一樣，請務必要以客觀冷靜的立場，尋找發生問題的事實真相。

如此一來，我們便能更清楚地看見對方的行動究竟是為何。以上一頁的事件為例來說……

我們會在此得到一個非常不可思議的發現，那就是「這個事件中完全不存在任何情緒」。像這種「我所看到的對方的行動」中，是不會有個人情緒（焦躁不安）存在的。這種個人情緒，只有在我們主動檢視自己的心理狀態後，才會被看見。

●為什麼會感到煩躁不安呢？

那麼，我們究竟是為了什麼而感到煩躁不安呢？

這是因為我們所看見的事實並不符合我們的期待，而且其中存在著差距與差異。試著具體來看看：

★在樓梯上，有個男子走在我前面。
★我的腳尖前總是出現那傢伙的傘。
★男子的走路速度比我稍慢，和我的步調沒辦法配合。
以客觀角度看的話……
★男子突然回頭看身旁的女性路人。
★然後才繼續爬樓梯。

・對方沒按照我所期待的速度走路。
・希望對方移開他的傘，但這種想法沒有傳達給對方。
・在非我期待的狀況下，對方突然回頭張望。

這裡還有一點很重要，那就是類似上述的期待與預測，通常都是人們在半無意識的狀態下進行的。或者可以說是一種根深柢固的習慣吧。也就是說，其實我們爬樓梯的速度與節奏本來就沒有精準地測量過，大多是以平日的習性固定下來後，變成了一種模式。這種模式每個人都有所不同，而這次的事件就是因為速度上與我們的習慣出現了微妙的差異，所以大腦才會得到不符合期待的判斷所做出的訊息，並無意識地使我們的內心感到焦躁。

●不被煩躁牽著走的方法……

像這個時候，你當然很希望能採取不被煩躁情緒牽著走的行動。如果這時你能察覺出自己的情緒，自然就能同前述的方式般，以客觀的角度來看待事情並試著掌握現狀。這種判斷所需要的時間只在一瞬間，但只要這麼做，就有可能採取不同行動或態度。

在會議前一晚，自主性地加班，做明日重要會議的最後檢查。
很好——都準備OK了!!
■第二天……宣布會議開始的瞬間，自己正想以主持人的身分開始說明議題……
稍微等一下！
A君，你先從○○案開始吧！
●被情緒牽著走的話……
出這樣的議題啦～我準備好幾個小時的簡報不就都變成垃圾了!?
無、無法原諒！這場會議該、該怎麼繼續進行才好……？
陷入恐慌 沒資格當主持人
●以客觀角度面對事實的話……
哎呀，一開始就出現我預料外的發言。
那麼，是該把話題強拉回原先的預定，還是……
先再確認兩者間的優先順序吧！
●以靈活的對應方式發揮實力
可以把這個當成今天優先討論的議題嗎？
雖然會花去其它案子的一些時間，請確認一下兩者的優先順序再展開討論。

在這個例子中，以ＮＬＰ的理論來看，為了讓我們採取中立意識（neutral），必須透過「脫離」（dissociate）這種技巧。所謂的中立意識就等同某種客觀角度。此外，為了讓我們能自發性地產生這種意識，必須先暫時遠離原本朝向自身的意識方向（分離化＝dissociate）。也就是說，所謂的中立就是讓我們離開自己所位於的處境，營造出一種客觀的狀態。

要理解上述的說明，最好能親自嘗試一下所謂的中立意識，這樣會更具效果。平日倘若我們能多多學習以各項觀點看事情，並增加自身的體驗，在培養客觀立場上勢必能大大發揮其價值。

總之，體驗學習對促進溝通能力而言，是一樣非常有益的準備工作。

被交付重要任務時兩人不同的反應……

森田的例子

加藤先生的例子

Scene.22

樂觀的態度與思考方式

減輕壓力

被賦予新企畫的森田興奮地大喊「非常感謝！」並充滿鬥志地說「我會加油」之類的話。

然而相對地，同樣被賦予新企畫的加藤卻顯得悶悶不樂，內心還充斥著「真的沒問題嗎……」等不安的情緒。

森田與加藤兩人的內在對話究竟有什麼樣的差異呢？

●試著以話語說出內在對話

如果我們能以話語明確地說出自己的內在對話，就能找出平日習慣的思考與說話的模式，也就是說，我們就能了解自己的基本反應模式。

在森田的例子中，他對未來「事情一定會順利」的展望，表現在「期待計畫能成功」的內在對話裡。

相反地，諸如加藤「如果失敗該怎麼辦」的內在對話，最後變成了「害怕失敗」這種對未來的憂慮溫床。

只要試著將內在對話轉為實質的言語，就可以明瞭我們對事物的基本態度。這種基本態度又稱為信念，是一種完全不會讓我們有懷疑餘地的

真實想法，簡單來說就是一種相信。面對信念，我們會很自然地照著它所說的去做。對當事者而言，這就等同於「理所當然」的事，而且根本不會刻意地去意識到它，所以通常都是在無意識下自動產生反應。

舉例來說，有兩個人的口頭禪都是「成功的過程絕不快樂」。其中一人不管從事什麼工作都戰戰兢兢，總是費盡千辛萬

樂觀思考・悲觀思考的優點與缺點

樂觀思考

■優點

由於總是以「如果順利的話」、「如果達到目標的話」為前提，故能對自己傳達出明確的努力方向。這種時候往往不會意識到憂慮與不安，能以充滿期待與充滿幹勁的心迎向光明未來。

■缺點

過度樂觀的思考往往會伴隨採取不理智行動的危險性。假使對可以預期的風險都刻意視而不見，那麼對突如其來的意外發展就更難臨機應變了。

悲觀思考

■優點

一開始就準備好要對付「如果不順利的話」、「如果遇到問題的話」等狀況，心中難免充滿憂慮與不安。但也因為如此，往往可以迴避掉較大的風險，避免結局一敗塗地。

■缺點

為了避免風險，容易使努力的成果變得曖昧不明。倘若沒有釐清迴避風險的目的為何，雖然說可以免於失敗的下場，但卻會搞不清楚自己原來的目標是什麼，這種情況下難免會失去鬥志。

苦，最後才終於享受到成功的果實。而有同樣口頭禪的另一人則花了九牛二虎之力卻沒有成功。

事實上，在說出同樣的口頭禪後，兩人內心都出現了沒有化為語言的無意識成見。沒有成功的那個人說「成功的過程絕不快樂（→所以自己才沒有成功）」。另一方面，成功的人則無意識地認為「成功的過程絕不快樂（→所以自己必須努力）」。

像上述這樣仔細探究我們平日的口頭禪，可以發現這種無意識的成見總是能決定我們實際上的成果。

●樂觀與悲觀，要選擇哪一種？

如果能像這樣察覺到自己平日在無意識中所進行的內在對話內容，就可以發現自己對事物的根本觀念為何。一旦因此發覺自己的思考中有悲觀（負面）的要素時，有些人還會說出「為什麼不樂觀一點？真是不中用」之類的悲觀發言，更進一步造成壓力。

其實，悲觀的思考方式也能從悲觀的角度發現事物的另一面。事物本身雖然只有一個，但從樂觀的角度與悲觀的角度所見卻截然不同。能從悲觀思考發現這只是事物的其中一面也是一件好事。只要能獲得上述體認，就可以發現樂觀與悲觀的兩種領域，並思索出除了自己所抱持的悲觀角度外，還有其他看待事物方式的可能。

明瞭自己如今看待事物的方向（＝認識現狀），未來的行動選擇自然會變得更為寬廣。

●從樂觀與悲觀兩種觀點看

現在讓我們回到一開始森田與加藤的例子吧。假使你是那兩人的上司，你該怎麼做？上司在交付部屬計畫時，必須理解他們每個人心中的信念層次與成見為何，之後在指導他們時才能選擇適合的對話與忠告方式。

這時身為上司者請暫時拋開「樂觀思考就是好」、「悲觀思考就是不好」的單純二分法，仔細分析眼前的情況。例如，對於習慣以負面觀點看待事物的加藤，可以用如下頁圖般的方式進行對話。

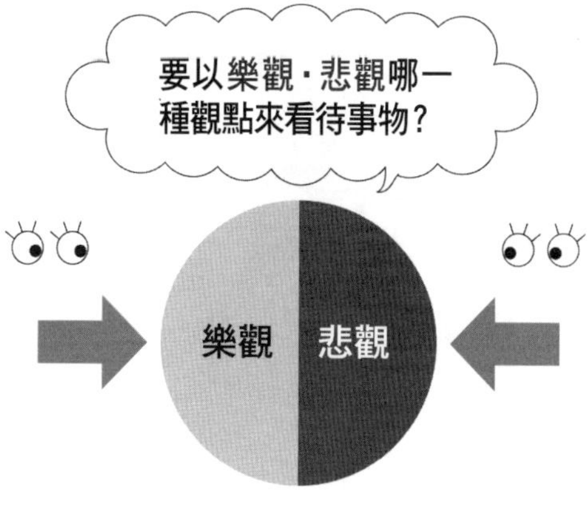
要以樂觀・悲觀哪一
種觀點來看待事物？
樂觀
悲觀

先從悲觀的領域開始，接著再以迴避掉風險後，對方希望出現哪些效果或成果加以引導。也就是透過「悲觀話題→樂觀話題」這樣的順序進行。另一方面，對森田則可採取恰好相反的步驟，先從樂觀的話題開始，再詢問對方關於悲觀的話題。這兩人身上所不足的資訊，都可以利用各別不同的對話方式協助補齊。

以客觀的立場看，樂觀與悲觀兩種觀點只是從不同的角度看待事物而已，兩邊所面對的目標其實還是同一個。如果能巧妙地運用兩種不同的對話方式引導他們，就可以讓平時只專注其中一方的溝通對象意識到兩個面向的存在，進而獲得雙倍的資訊。

除此之外，當事者也能因此體諒觀點不同者的心情，大幅增加其合作的可能性。

〈與加藤對話的範例〉

了解這項計畫的不安與風險因素也很重要。
……
你認為有哪些風險？

● 專欄 ●

以 NLP 訓練對話力

主觀觀點與客觀觀點

我們看待事物的方式大體上可分為兩類。

（1）主觀觀點……就像是融入電影的某個場景般，以身為主角的立場實際在其中進行體驗，這就是所謂的「主觀觀點」。

這種觀點會帶來感動與情緒反應，甚至還會出現心臟急速跳動、手心冒汗的真實臨場感。

（2）客觀觀點……從稍遠處冷靜地眺望事物全貌。就像是仰躺在地面，看著遙遠上空那反射著太陽光的銀色飛機機體，以藍天為背景橫越視野一般。

從客觀的立場看待事物就是所謂的「客觀觀點」。這種觀點幾乎沒有任何情緒波動，完全是冷靜、平穩的態度。

我們日常生活中會不時切換主觀與客觀兩種觀點。如果能根據不同的狀況巧妙地選擇兩者，就能對事物採取更有效的對應方式。

舉例來說，如果這輩子第一次必須站在舞台上對數百名觀眾打招呼，我想任誰都會感到非常緊張吧。在這個時候，如果能以「客觀觀點」看待自己的處境，想像是以望遠鏡眺望飛過高空的飛機，那麼緊張感就會不知不覺地遠離你了。

A先生歡送會
A先生歡迎會
滿滿
預定表
3月
4月
的!!
之後真的能適應這裡嗎……
自己沒問題吧～？
焦慮
不安～

Scene.23

緩解異動與改革所帶來的壓力

對應過渡期的方法

今年春天，岩田從總公司營業課長升遷為分店店長。就在就任新職前短時期內，他火速辦理了交接、搬家、向相關同仁打招呼等事宜，生活異常忙碌。兩個部門的歡迎會與歡送會自然也沒有錯過。

還來不及喘口氣時，新部門的工作排山倒海而來。必須趕快學會的新事物堆積如山，默契還不夠好的新秘書也是眼下必須面對的一項困擾。

明明是光榮升遷，卻帶來如此龐大的壓力……

改變總是會伴隨著期待與不安。要怎麼做才能消弭類似的壓力呢？我們究竟該以什麼樣的心態面對這種過渡期？

該如何面對過渡期？

人在面對變化時會出現各種不同的反應。有些人可以輕鬆地迅速接納改變，有些人則光是聽到「改變」這兩字就會感到壓力重重，希望自己身上最好永遠不要發生任何的改變。

總覺得少了什麼的岩田

岩田從總公司營業課長晉升為地方分店的店長後，必須處理一大堆接踵而來的轉變。交給他的一紙人事命令上，只簡單寫了關於職務變更的幾項說明。事實上，包括他本人與周遭親友在內，許多人的工作與生活都會因此產生改變。正如左頁的插圖所示，岩田的心情遠比人事命令上的內容來得複雜許多。

為了順利前往新職就任，他的腦中浮現了許多必要的行動，光是為了要順利交接就

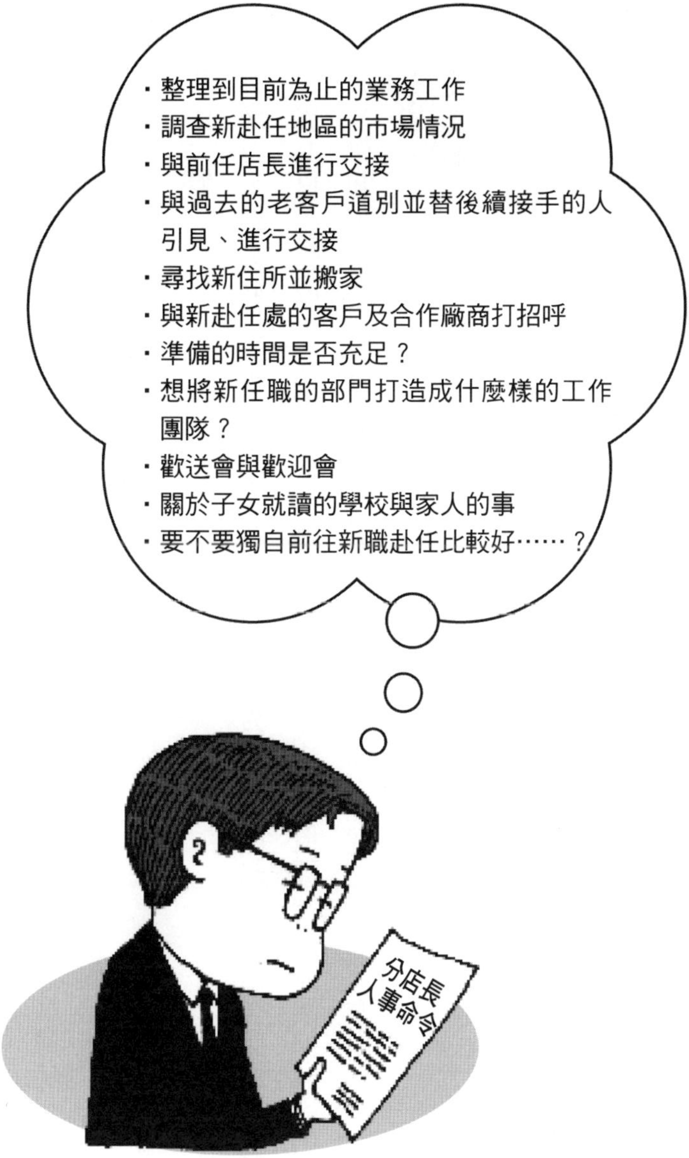

・整理到目前為止的業務工作
・調查新赴任地區的市場情況
・與前任店長進行交接
・與過去的老客戶道別並替後續接手的人引見、進行交接
・尋找新住所並搬家
・與新赴任處的客戶及合作廠商打招呼
・準備的時間是否充足？
・想將新任職的部門打造成什麼樣的工作團隊？
・歡送會與歡迎會
・關於子女就讀的學校與家人的事
・要不要獨自前往新職赴任比較好……？
分店長
人事命令

耗費掉不少精力。岩田一一完成事先預定好的計畫，希望能面面俱到。此外，他也參考了旁人的建議，才好不容易平安度過這項職務轉換所造成的波動。

表面上看來，岩田風平浪靜地來到了新職場，並與新同仁展開新的工作。但在他的內心深處，總覺得似乎少了點什麼。就好比有一道難以彌補的小鴻溝，礙眼地橫亙在他的新生活中一般。

舉例來說，到上個月為止，岩田身邊還有位優秀的業務助理，只要告訴她一件事，對方便可協助自己完成十件事。現在雖然也有位新秘書，但卻總是無法理解岩田的指示，每次交辦的結果都與自己的期待有所出入。像這種不滿就是以前從未出現過的。

以三個框架過渡！

在面臨變化之際，要處理上述的內心疙瘩，可以利用「過渡期的三個框架」技巧。當我們遭遇變化的時候，這種技巧可有效地將心理狀態導引至健全的方向，並以各種不同的觀點掌握變化所造成的「過渡期」，甚至還能想出更具策略性的思考方式，或是各種可能的行動理論、執行對策等。

■過渡期的基本：三個框架

①【結束】因變化而告終、消失的事物

②【開始】因變化而新展開的事物，包括跟過去相較的形式上改變

③【過渡期】在變化中，尚無法確定、著手進行、決定的事項

像這樣把變化的內容依據過渡期劃分為三個不同框架，哪些事物已經結束而哪些還沒有，就能夠一目瞭然了。此外，各框架的內容會隨時間而變化。因此，依據情況不同，每週或是隔週更新列表也是相當重要的工作。

如果能以這種技巧避免被變化所影響，讓自己確定一切事物都在掌控中，那麼多餘的不安與憂慮自然能遠離。而且，每次更新後的已結束事項都能以白紙黑字確認，更能讓我們放心並充滿自信。這種以更新方式檢視進度的小訣竅，也有助於我們在進行計畫時能持之以恆。

岩田處理壓力的方式

☆為了推動因變化而展開的新事物，必須採取更為具體的計畫與行動。此外也要保持進取的心態，不能忽略任何一項小細節。

確認完「過渡期的三個框架」並一一做出列表後，首先，檢視①**結束**的部分，再度確認自己已完成的事項。此一過程可以幫助我們將不需再煩惱的部分劃分開來。接著，針對②**開始**的部分按列表逐一檢討。以岩田的例子來說，這部分包括「整理到目前為止的工作」、「與前任店長進行交接」等。雖然說與「新秘書」的相關事項也應列入②的框架中，但因為跟新秘書的溝通還存在些許問題，為了與對方建立良好的信賴關係，還需要花一些功夫與時間。以這種角度思考，新秘書的相關事項還是放在①與②中間的框架，也就是③**過渡期**比較恰當。

以前述分類法將不確定事項放入③**過渡期**的框架後，我們便能發現，③包括了信賴關係的建立與營造新職場氣氛等，許多肉眼看不到的待處理工作。如果不確定的因素過多，我們自然很難設立長期目標，長久下來，壓力容易大量累積。這時請一面留意周遭同仁的反應，一面訂定可以在短時間內完成的小規模計畫，並逐步推行。

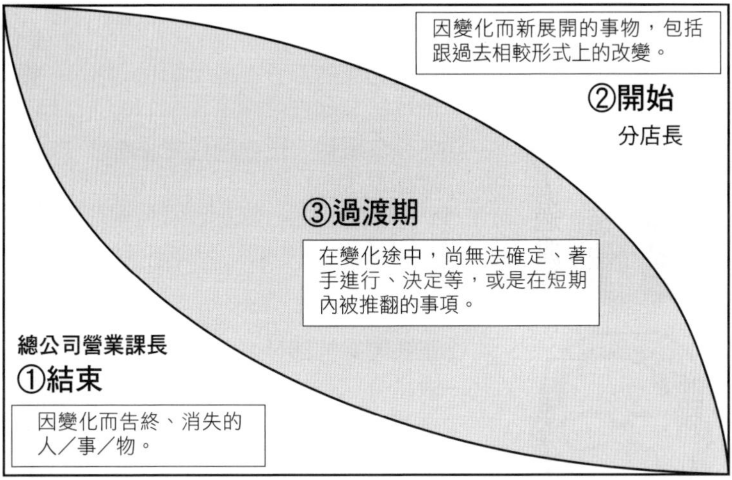
因變化而新展開的事物，包括跟過去相較形式上的改變。
②開始
分店長
③過渡期
在變化途中，尚無法確定、著手進行、決定等，或是在短期內被推翻的事項。
總公司營業課長
①結束
因變化而告終、消失的人／事／物。

	項　目	從調職命令起3日	→	從就任新職起3日
1	整理到目前為止的業務工作	②	→	①
2	獨自調查新赴任地區的市場情況	③	→	②
3	與前任店長進行交接	②	→	①
4	與老客戶道別並替後繼者引見	③	→	①
5	與後續接手的人進行交接	③	→	②
6	尋找新住所並搬家	③	→	②
7	搬家	③	→	③
8	與新赴任處的客戶及合作廠商打招呼	③	→	②
9	準備的時間是否充足？（有此憂慮）	②	→	①
10	想將新任職的部門打造成什麼樣的工作團隊？（期待與不安）	②	→	②
11	歡送會 歡迎會	③	→	①
12	關於子女所就讀的學校，與家人溝通搬家的事	③	→	①
13	要不要獨自前往新職赴任？（猶豫）	②	→	①
14	前任業務助理已經不在了	無	→	①
15	派給新分店長的秘書（已決定的架構）	無	→	②
16	提高與新秘書的溝通品質	無	→	③

根據「過渡期的三個框架」來處理壓力

①已經結束的部分……

・前任業務助理已經不在了
（該怎麼辦？已向前任業務助理道謝過了）

②正要開始的部分……

・派給分店長的秘書對自己來說是全新的開始

③不確定、未決定的部分……

・與秘書溝通的課題
（該怎麼應對？為了與秘書建立良好的信賴關係，必須找個時間好好聊聊）

那些在面對變化時可以靈活應對的人，往往就算遭受周圍環境及狀況的影響，也能在某種程度的壓力干擾下，利用多元的視野持續推動工作進度。不被世間的紛擾所困惑，聆聽內心的聲音並締造自身的將來，這就是我們在管理情緒時所應盡的使命。

後記

非常感謝您閱讀完此書。

本書是以二〇〇五年三月至二〇〇七年三月連載於《へるすあっぷ21》（健康加分21）月刊上的專欄，再加上全新、豐富內容後整理完成的書稿。

連載的期間，剛好是在故鄉東京努力進行研究與事業經營的階段。那段日子筆者充分利用NLP這項工具，從早到晚忙個不停，生活可以說過得非常充實。

從住家前往上班的地方只要搭地鐵三十分鐘，而且又不必碰上尖峰時刻，真是愉快無比的通勤環境。但即便是從事自己所喜愛的工作，也難免會有感到疲憊的時候。夏天的暑假我往往會出國旅行，寒冷的歲末年終也一樣會造訪國外的度假中心。不管是在泳池畔及海濱做日光浴也好，或享受美味的料理與醇酒也罷，像這樣一年享受幾次完整的假期，才可以充分轉換心情並繼續努力工作。

然而在這期間，我卻不知不覺開始懷疑起來。究竟在懷疑什麼，剛開始自己也搞不太懂。直到後來我這樣地自問了起來。

這種生活真的是自己內心想要追求的嗎？

睜大眼睛看看，這種生活方式有沒有需要檢討之處？

自己真正想過的是什麼樣的生活？

在不知何時會降臨的死期前，自己是否能找出天職及與生俱來的使命呢——？

利用NLP的「內在對話」，我直視自身的心理與外在世局的變化，終於決定大幅改變自己的生活方式。等連載結束後，便暫時拋下工作，再度前往海外旅遊，甚至以向西繞行的方式走遍世界一周。等到回國後，我便離開已經住慣的東京，來到頗有淵源的滋賀縣。現在，不管是工作或生活的步調都比先前放緩不少，並且正在摸索適合自己的全新生活模式。

時序進入二十一世紀，世界的經濟與環境發生劇烈的變化。前不久才剛發生過百年難得一見的金融海嘯，我們確實處在很難判斷人類究竟會走向何方的一個時代。此外，也不僅限於世界這種超大變化的規模，同時更會發生在工作與生活等個人層面上。

在這種變化劇烈的時代下，人與人之間的羈絆就顯得更為關鍵。與人對話的重要性逐步增加，也讓我們有了深一層的體認。每個人都有許多對外傳達自己思考內容的機會，也不乏經常需要聽取溝通對象的意見。這麼做並不光是為了爭奪名利，也有可能是為了替知心的夥伴努力、摒除競爭攜手合作等等……至於以自身為溝通對象的內在對話，又何嘗不是能照亮我們人生方向的一盞明燈呢！

由於有了上述想法，我決定將過去關於與人對話技巧的連載重新整理，加入許多新的資訊與訊息，再度呈現於讀者面前。

只要是發自肺腑的對話，必定能在對方與自己的心中引發奇蹟。就像在我的家中，每天都在上演類似的奇蹟一般。剛出生的七個月女兒雖然還不會說話，但那對黑而明亮的眸子、一瞬間出現的表情變化與微笑，卻能帶給周遭成年人無比強烈的心靈訊息。她那勇於挑戰任何事物的旺盛好奇心，充分顯示出依舊與「限制」和「不可能」完全無緣的赤子樣貌。小女所教導給我的，正是「人類能量的原點、生命之力，亦即所謂的活力」。

有一回，我在她身上聽到了一種無聲的啟示：任何一名成年人都曾經是稚子，類似的體驗也一定還保留在每個人的記憶深處，當有必要之時，那種生來就具備的能量便可充作自身的支柱。至少我是這麼聽到的。

最後，我必須感謝本書的責任編輯友澤和子小姐，以及朝日新書編輯部的所有同仁。此外，我也要藉這個機會向本書描繪歡樂插畫的にしかわたく先生，以及熱心編排複雜版面的美術設計加賀美康彥先生致謝。真的非常感激各位的辛勞！

當然還有一位，就是在照顧小女的忙碌生活中依舊幾度幫我檢查原稿的妻子，我也要向她說聲「謝謝」。

在你所居住的社區或工作的地方，想不想也舉辦一次「以NLP訓練對話力」的現場教學呢？如果閱讀過本書後能引發你的興趣，請不要客氣，隨時與我聯絡。你過往習慣的對話方式將會出現奇妙的改變，這會讓你的工作更為愉快，未來的路也更加寬闊——如此的對話魔術請你務必嘗試看看！

二〇〇九年九月　千葉英介

國家圖書館出版品預行編目資料

圖解NLP惡魔說話術（實例篇）/ 千葉英介作
；許昆輝譯. -- 初版. -- 新北市
：世茂，2011.04
面；公分. --（暢銷顧問經典；65）

ISBN 978-986-6363-87-0（平裝）

1.溝通 2.傳播心理學 3.神經語言學

177.1 99021095

暢銷顧問經典 65

圖解NLP惡魔說話術（實例篇）

作　　者／千葉英介
插　　畫／にしかわ たく
譯　　者／許昆輝
主　　編／簡玉芬
責任編輯／謝翠鈺
封面設計／比比司設計工作室
出 版 者／世茂出版有限公司
負 責 人／簡泰雄
登 記 證／局版臺業字第564號
地　　址／(231)新北市新店區民生路19號5樓
電　　話／(02)2218-3277
傳　　真／(02)2218-3239（訂書專線）、(02)2218-7539
劃撥帳號／19911841
戶　　名／世茂出版有限公司
單次郵購總金額未滿500元（含），請加50元掛號費
酷 書 網／www.coolbooks.com.tw
排版製版／辰皓國際出版製作有限公司
印　　刷／世和印製企業有限公司
初版一刷／2011年4月
四刷／2014年10月

ＩＳＢＮ／978-986-6363-87-0
定　　價／260元

黏貼

電話：(02) 22183277
傳真：(02) 22187539

世茂好書．豐富心靈

世潮精典．智慧同行

廣告回函
北區郵政管理局登記證
北台字第 9702 號
免貼郵票

231新北市新店區民生路19號5樓

世茂
世潮 出版有限公司 收
智富

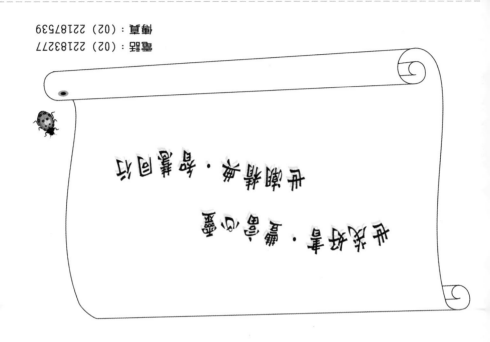

黏貼處

讀者回函卡

感謝您購買本書，為了提供您更好的服務，歡迎填妥以下資料並寄回，我們將定期寄給您最新書訊、優惠通知及活動消息。當然您也可以E-mail：Service@coolbooks.com.tw，提供我們寶貴的建議。

您的資料（請以正楷填寫清楚）

購買書名：______________________________

姓名：____________ 生日：______ 年 ____ 月 ____ 日

性別：□男 □女 E-mail：____________________

住址：□□□______縣市________鄉鎮市區________路街

______段______巷______弄______號______樓

聯絡電話：____________________

職業：□傳播 □資訊 □商 □工 □軍公教 □學生 □其他：______

學歷：□碩士以上 □大學 □專科 □高中 □國中以下

購買地點：□書店 □網路書店 □便利商店 □量販店 □其他：______

購買此書原因：___ ___ ___ ___ ___ ___（請按優先順序填寫）

1封面設計 2價格 3內容 4親友介紹 5廣告宣傳 6其他：______

本書評價：____ 封面設計 1非常滿意 2滿意 3普通 4應改進

____ 內　容 1非常滿意 2滿意 3普通 4應改進

____ 編　輯 1非常滿意 2滿意 3普通 4應改進

____ 校　對 1非常滿意 2滿意 3普通 4應改進

____ 定　價 1非常滿意 2滿意 3普通 4應改進

給我們的建議：- - - - - - - - - - - - - - - - - - - -

- -

- -